사람을 변화시키는 말씀의 능력

-위대한 삶, 위대한진리-

창세기 I

KB190891

사람을 변화시키는 **말씀의 능력**

2009년 3월 10일 초판 1쇄 발행
저자 안병호
발행 사)기독대학인회 출판부 ESP
서울시 강북구 미아 8동 317-8
Tel. 02) 989-3477 ㅣ Fax. 02) 989-3385
esfpress@hanmail.net
판권 ⓒ ESP.2009
등록 제 12-316호
디자인 정진식
가격 : 4,500원

ISBN 978-89-89108-55-9

사단법인기독대학인회(ESF:Evangelical Students Fellowship)는 사도행전 1장 8절에서 선포되고 있는 예수님의 지상
명령에 근거하여 대학복음화, 통일성서한국, 세계복음화를 주요 목표로 삼고 있는 초교파적인 학원선교단체 입니
다. ESP는 Evangelical Students Press의 약어로 기독대학인회(ESF)의 출판부 입니다.

사람을 변화시키는 **말씀의 능력**
– 위대한 삶, 위대한 진리 –

창세기 I

안병호 저

사람을 변화시키는 진리의 힘

1995년 가을학기를 앞둔 시점이었습니다. 한양 대학교에서 나에게 교양수업 두 과목을 강의해 달라고 요청해 왔습니다. 강의 제목은 「기독교와 현대 사회 1, 2」였습니다. 그래서 봄 학기 중에는 「기독교와 현대사회 1」를, 가을 학기 동안에는 「기독교와 현대사회2」를 강의하기로 했습니다. 강의를 시작해서 몇 학기 동안은, 학문적으로 기독교에 접근해 보았습니다. 많이 고심하면서 「기독교 철학」을 강의했습니다. 「기독교 세계관」도 다루었습니다. 그러나 학생들의 반응에서 뚜렷한 흥미를 발견할 수 없었습니다. 이 문제를 친구 목사와 상의했더니, 내게 한 가지 조언을 주었습니다. "성경을 강의해 보는 건 어떨까?" 평범한 이야기였지만, 듣고 보니 과연 명답이었습니다. 진리의 힘을 믿었기 때문입니다. 그래서 하나님의 말씀을 가르치기로 결심했습니다. 한 과목에서는 창세기를 중심으로 강의했고, 또 다른 과목에서는 복음서 혹은 산상 수훈을 강의했습니다. 처음에는 심하게 반발하는 학생들이 몇 있었습니다. 그들은 "여기는 교회가 아니잖습니까?" 라고 따지듯 물었습니다. 또는 "한양대학에서 없어져야 할 과목 중에서 첫째를 뽑으라고 하면 바로 이 과목을 선택하겠다" 면서 극도의 거부감을 표시했습니다. 그러나 진리의 힘을 확신했으므로 두 학기동안 뚝심 있게 성경수업을 진행했습니다. 놀랍게도 학생들이 긍정적인 반응을 나타내 보였습니다. 기존 그리스도인뿐 아니라, 천주교 불교를 믿던 학생들까지 이 과목에 대단한 흥미를 보이기 시작했습니다. 심지어 기독교에 대해서 강한 반감을 가졌던 학생들이 강의를 통해 변화되는 역사도 목격하게 되었습니다. 그들은 학기가 마칠 무렵, 기독교에 대해서 우호적인 반응을 나타냈고, 많은 학생들이 교회에 다니기로 결심했습니다. 오랫동안 신앙생활을 멈추고 있던 학생들이 다시 교회로 돌아가는 경우도 많았습니다. 꾸준히 교회를 다니던 학생들은 이렇게 고백했습니다. "성경을 체계적으로 배우지 못하고 예배 시간에 설교만 들었을 때는 신앙의 기초가 매우 약했습니다. 하지만 한 학기 강의를 들으면서 신앙의 기초가 든든히 세워졌습니다."

이 강의는 곧 인기 과목으로 자리매김했고, 소문이 퍼져 유명세를 떨치게 되었습니다. 학생들은 수강신청 기간 첫날 만에 제한 인원수를 꽉 채워 들어섰습니다. 많은 학생들이 매 학기마다 애석하게 수강 기회를 놓쳤고, 4년 만에 겨우 수강할 기회를 얻기도 했습니다. 수강 인원이 많아져서 나중에는 한 학기에 2강의로 늘어났고, 급기야 3강의로 늘어나게 되었습니다. 그래서 이 강의를 듣는 학생이 한 학기에 200명에서 600명, 일 년에 1200명으로 늘어났습니다. 이 강의는 2학점으로 배정되었는데, 일주일에 1회 두 시간 동안 연강했습니다. 시간배분에서 나는 1시간 10분정도 강의했고, 나머지 50 동안에는 학생들이 강의를 요약하고, 강의에 대한 자기 소감을 쓰게 했습니다. 바로 이 시간에 학생들이 말씀을 묵상하게 되었고 그 진리를 삶에 깊이 적용하면서 변화를 겪게 되었던 것입니다.

이처럼 청년들에게 성경 자체를 가르치는 일이 얼마나 중요한가? 아무리 강조해도 오히려 부족하다고 생각합니다. 성경을 교리적으로 접근하면 학생들이 금방 흥미를 잃게 됩니다. 그러나 아무리 기독교에 관심이 없던 사람이라도 성경내용을 이해하게 되면 성경에 대하여 흥미를 느끼게 됩니다. 흥미가 생기면 성경을 계속 읽게 됩니다. 계속 성경을 공부하게 됩니다. 결국, 성령의 감동으로 구원에 이르게 됩니다. 그리고 그리스도인으로서의 삶이 변화 되어갑니다. 청소년들에게도 성경 자체로 접근할 때 그들의 흥미를 끈다는 사실을 알게 되었습니다. 그것은 내 마음에 큰 흥분을 일으켰습니다.

이 사실을 마음에 두고, 청소년들을 위해서 지난 11년 동안 강의했던 내용을 정리했습니다. 청소년들이 공부하기에 알맞은 교재가 될 것을 확신합니다. 우선 첫 단계로, 약 40분 정도의 수업시간을 통해 소화 할 수 있는 분량을 한 과로 만들었습니다. 한 권의 책을 공부하는 과정이 지루하지 않게 하려고 각권을 13과로 편집했습니다. 첫 번째 책은 창세기 1~11장까지의 내용을 담고 있습니다. 앞으로 계속해서 창세기 후반부, 산상 수훈, 복음서, 로마서, 출애굽기를 내용으로 하는 교재를 만들 계획입니다.

이 교재가 교회 청년 대학부나, 청소년부의 공과로 사용된다면 큰 도움이 되리라고 믿습니다. 캠퍼스에서 기도회용으로 사용 될 수도 있습니다. 또한 기독교 학교의 성경 교재나, 가정에서 청소년을 위한 예배 교재로도 사용 가능합니다. 특별히 일반 학원에서 특별 과목의 교재로 사용할 때, 큰 효과를 가져 오리라 생각합니다. 본인이 시무하는 교회에서 "엘림 아카데미"라는 청소년 학원을 운영하기 시작했습니다. 사실, 이 교재를 발간하게 된 중요한 동기가 "엘림 아카데미"의 성경 교육을 위해서였습니다. 성경교육은 일주일에 한번 진행할 계획입니다. 이 교재를 통해서, 진리의 힘으로 말미암아, 많은 사람들이 변화를 체험할 수 있으리라 확신합니다. 성령 하나님께서 진리로 말미암아 믿지 않는 사람에게 구원의 은혜를, 믿는 자에게는 영적 성장의 은혜를 허락해 주시기를 간절히 기도합니다.

2009년 2월 행당동 서재에서 **안병호** 목사

감사의 글

　　여러 해 동안 안병호목사님을 모시면서 나이를 초월하는 청년의 뜨거운 열정을 보게 됩니다. 이는 어쩌면 한 평생을 청년사역을 위해 헌신하며 체화된 목사님의 자연스러운 모습일지도 모르겠습니다. 목사님의 열정은 여기서 그치지 아니하고 함께 섬기며 동역하는 교역자들과 성도 모두에게 전이되기를 갈망하십니다. 그런고로 목사님을 통해 오히려 후배 교역자들과 성도들이 오히려 젊음의 도전정신과 열정을 전이 받고 있다 해도 결코 틀린 말이 아닐 것입니다.

　　이 땅의 많은 목사님들이 주께로부터 받은 각자의 은사를 통해 교회를 섬기며 하나님께 영광을 돌리고 있습니다. 그러나 안병호목사님과 같은 말씀에 대한 지대한 관심과 특심한 애정을 가지신 분, 본문중심의 정확한 말씀증거만이 자신의 은사이자 최고의 소명임을 고백하고 달려나가는 분들이 그리 많지는 않으리라 생각됩니다. 안병호목사님은 삶의 가치관과 생의 철학을 철저히 성경중심에 놓고 대학생 선교단체인 ESF와 담임사역하고 계신 온마음교회, 그리고 대학강단을 통해 말씀사역을 하시면서 많은 열매를 맺어 오셨습니다.

1년 365일 동안 하루도 빠짐없이 새벽에 누구보다 일찍 나와 큐티하시며 노트를 빼곡히 적어나가시는, 이러한 안병호목사님의 각고의 노력과 열정으로 이미 말씀의 현장에서 실제화된 사역들의 바탕위에서 쓰여진 것이며 그 열정과 노력이 본 성경공부 시리즈를 발간하게 되었습니다.

　　특별히 이 책은 철저히 본문중심의, 정확하고 심도깊은 말씀을 배우기를 사모하는 많은 그리스도인들에게 실제적 필요를 채워 줄 수 있으리라 생각됩니다.

　　쉽지않은 작업이었지만 즐거운 마음으로 함께 동역하며 교정과 편집을 위해 수고해주신 강성애 사모님, 신현임권사님, 진규상전도사님께도 심심한 감사를 드립니다. 앞으로 계속 발간될 안병호목사님의 저서에 가슴설렌 기대를 가지고 기도합니다.

2009. 2.

백승제 목사

Contents

본 성경교재의 特徵

 일반적으로 사용되어지는 단순한 문답 풀이 형식의 성경공과가 아닌 Story telling 형식의 친절하고 상세한 설명은 성경의 내용 흐름과 강조되는 주제를 파악할 수 있도록 도와줍니다.

 각종 셀모임, 교회 학교, 기독교 학교(미션스쿨)에서 소그룹 성경공부에 적합합니다. 그러나 교사 지침서가 없더라도 혼자서도 충분히 성경공부를 해나갈 수 있도록 하였습니다.

교재 수준이 특정 연령대에 국한되지 않고 다양한 연령층에서 활용할 수 있습니다. 특히 글자일변도의 재래식 성경공과책의 틀을 넘어 어린이들의 이해에 도움을 주기 위해 일러스트를 삽입 했습니다.

 교재에 수록된 성경상식과 읽을 꺼리는 창세기 당시의 시대적 문화와 상황을 쉽게 이해 할 수 있도록 도와줍니다.

*성경본문은 한글개정개역성경과 NLT(New living translation Bible)를 사용하였습니다.

창세기는 어떤 책일까요?

창세기(Genesis)는 헬라어로서 어원은 '기원'이라는 말에 두고 있습니다. 구약의 첫 번째 책으로서 성경전체의 서론 역할을 합니다. 우주와 세계의 창조, 인류의 시작, 이스라엘 민족의 기원을 다루고 있으며, 하나님께서 아브라함 및 다른 족장들과 맺으신 언약을 말하고 있습니다. 특히 창조, 인류의 타락, 죽음, 그리고 아브라함의 후손을 통한 구원의 약속을 가르쳐줄 목적으로 기록되었습니다. 영어의 "Genesis"(창세기)라는 명칭은, 그리스어로서 '시작'이라는 뜻이며, 히브리어 성서를 그리스어로 번역한 사람들에 의해 선택, 사용된 말입니다.

1. 명 칭

창세기는 구약성서 총 39권의 맨 앞에 배치된 책이고, 모세 5경(창, 출, 레, 민, 신) 가운데 최초의 글입니다.

2. 저 자

히브리인과 그리스도 교회의 전승은 모두, 모세가 하나님의 영감에 의해, 창세기를 저술했다고 증언합니다.

3. 내 용

창세기 1~11장은 몇가지 유명한 이야기를 포함하고 있습니다.
천지창조 : 창세기 1장
에덴동산 : 창세기 2~3장
첫 번째 살인 : 창세기4장

대홍수 : 창세기 6~9장

바벨탑 : 창세기 11장

창세기 12~50장은 네 명의 인물에 초점을 맞추고 있습니다.

아브라함(Abraham)

아브라함은 창세기 11~25장에서 등장합니다. 그는 기원전 1900년에 살았던 사람인데 유대인의 믿음의 조상으로 모든 유대인들에게 존경을 받는 사람입니다. 창세기 12장에서 그의 이야기를 읽을 수 있는데 그는 신실한 믿음을 가졌고 하나님의 말씀에 순종하기위해서 자기 고향을 버렸습니다. 하나님은 아브라함과 그 후손들이 하나님의 선택받은 백성이 될 것이라고 약속하셨습니다. 그의 후손 4세대가 창세기에 실려 있습니다.

이삭(Isaac)

창세기 21~35장에서 이삭의 이야기를 읽을 수 있습니다. 그에게는 자주 싸우는 두아들이 있었습니다. 그 이름은 바로 에서와 야곱.

야곱(Jacob)

야곱은 창세기 25~49장에 등장합니다. 야곱은 창세기 32장에서 하나님의 천사와 씨름을 한 유일한 사람입니다. 그에게는 (네 명의 여인에게서 낳은) 열 두명의 아들이 있었는데 그들은 이스라엘의 열두지파의 조상이 되었습니다.

창세기 소개

요셉(Joseph)

요셉(창세기 37~50장)은 그의 형제들에 의해서 애굽의 노예로 팔려갑니다. 그러나 하나님의 돌보심으로 요셉은 애굽의 국무총리가 됩니다.

또한 창세기는 하나님의 창조 사건과 인류 역사에서 중요한 사건들의 시작 및 구체적인 과정들을 증거합니다.

천지의 시작(1:1~ 하나님에 의한), 인류의 시작(1:27~), 죄악의 시작(3:6~)
구원의 시작(3:21~), 문화의 시작(4:17~), 인종의 시작(10:1~), 선민의 시작(12:1~)

이렇게 '시작' 의 글로서 창세기는, 인간과 동물의 창조, 인간 사회의 시작을 말합니다. 또 성경 전체에 통일되게 흐르는 원리로서 하나님의 '선택' 을 설명합니다. 창조, 타락, 구원, 제사, 또는 구세주의 성육신 예고 등, 인류구속의 필요성과 방법을 가르쳐 줍니다. 그리고 하나님께서 구속 계획을 이루어 가시는 과정을 보여 줍니다

4. 특징

창세기의 천지창조 역사는 하나님의 백성을 대표하는 유대인 고유의 유일신 사상을 일관되게 담고 있습니다. 또한 하나님의 백성들이 가져야할 세계관, 인생관, 사회관이 보존되어 있습니다. 하나님께서는 창세기의 기사를 통해 오늘을 사는 우리들에게도 하나님의 생각과 가치관들을 이야기해주고 있습니다. 또 족장들의 역사 부분에서는 그 전기적 일대기 진술이 보통의 영웅 전기와 뚜렷이 구별되는 차이를 보입니다. 성경 속에 묘사되는 족장들의 성품과 행동에는 영웅적인 비범함을 서술하는데 노력하지 않습니다. 오히려, 정치, 경제, 사회적인 면에서 볼 품 없고, 때때로, 죄의 유혹 앞에 힘없이 넘어지는 연약한 인간의 모습을 그대로 진술합니다. 다만 오로지 유일신 하나님을 신앙하며 시종하는 마음과 삶을 증거합니다. 즉 하나님의 평가 기준에 비추어진 선민의 역사를 기록하고 있습니다. 따라서 창세기의 교훈을 올바르게 파악하려면 하나님에 대한 사람의 태도, 또는 하나님과 사람 사이의 관계가 친밀할 때와 멀어졌을 때 나타나는 현상을 중심으로 관찰해야 합니다. 하나님께서 는 당신의 백성으로서 특별히 이스라엘 민족을 선택하셨고, 이들을 훈련시키셨고, 이스라엘을 통해서 전 인류에게 축복을 주시려고 의도하셨습니다. 오늘날 우리가 하나님께로부터 택함받은 백성들로서 사명을 다하기 위해 피해야할 시행착오들을 짚어볼 수 있으며, 따라야할 모범을 배울 수 있습니다.

제 1과 | 천지를 창조하신 하나님
본문 : 창세기 1장 1절

 본문 살피기

창세기 1장은 창세기의 시작인 동시에 성경 전체의 시작이기도 합니다. 특히 본장은 천지 창조, 그리고 인류의 기원에 관한 기록인데 '인류와 자연의 역사가 어떻게 시작되었느냐?' 는 문제에 명쾌한 답을 제시합니다.

창세기 1:1은 "태초에"로 이야기를 시작합니다. 하나님께서 시간을 창조하시기 전의 상태를 영원이라고 합니다. 그러나 하나님께서 천지를 창조하셨을 때, 시간이 발생했고, 그 시간이 맨 처음 시작된 순간을 태초라고 합니다.

현재 우리가 알고 있는 우주는 근원을 알 수 없는 어떤 힘에 의해서, 또는 생명이 없는 물질들이 모여서 우연히 생겨난 것이 아닙니다. 하나님께서 창조하시기로 의도하신 결과입니다. 그 사실을 본문이 증거합니다. 하나님께서는 태초에 우주와 그 가운데 있는 만물을 지으셨습니다. 그러므로 하나님께서는 "천지의 주재"로 불리워 지십니다.(창 14:19) 그 뜻은 "천지 만물의 주인" 입니다.

이 과에서 배울 내용

모든 피조물들은 창조주 하나님의 소유물이며, 하나님께서는 모든 만물과 생명체들에 대해서 신적 소유권을 지니십니다. 하나님께서는 천지 만물의 시작과 끝, 인류 역사의 시작과 끝의 주인이십니다. 그러므로 모든 피조물들은 하나님 앞에 굴복해야 합니다. 특별히 이성을 지닌 사람들은 예배와 하나님의 명령에 순종하는 삶을 통해 하나님께 경배드려야 합니다. 피조물된 사람은 반드시 창조주 하나님만을 섬기고 경배해야 합니다. 하나님께서 각 사람에게 소명을 주셨으므로 인생의 허무주의나 방종하는 삶은 용납될 수 없습니다.

오직 하나님만 참 신이시므로, 다양한 우상들을 같은 신적 위치에 두고 숭배하려는 범신론, 다신론도 무의미합니다. 또한 성경이 명백하게 하나님의 창조행위를 증거하므로, 진화론은 사람이 머리로 만들어낸 그럴듯한 가설일뿐, 사실이 아니란 점이 드러납니다. 사람은 창조주 하나님과 친밀해야 하며, 그 분의 말씀 속에서만 참 진리를 발견할 수 있습니다. 그 진리는 인생의 나침반으로서 기능합니다. 우주의 시작으부터 과정, 끝이 모두 하나님의 섭리 안에 있듯, 인생의 시작으로부터 과정, 끝도 역시 그러하기 때문입니다.

핵심구절 : 창세기 1:1
태초에 하나님이 천지를 창조하시니라

본문 강해

성경 첫 권 첫 절은 참으로 중요합니다. 창세기 1:1절을 읽어봅시다. "태초에 하나님이 천지를 창조하시니라" 이 말씀은 성경 전체를 이해하는 대 전제가 됩니다. 창세기는 하나님의 존재를 인정하지 않는 무신론자들에게 하나님께서 계신다고 변증하지 않습니다. 실재 하시므로, 변증해야할 필요가 없기 때문입니다. 다만 "태초에 하나님이 천지를 창조하셨다"는 대 전제로부터 시작합니다. 하나님께서는 모든 사람의 마음속에 신적 존재를 경배하려는 본성을 심어 두셨습니다(롬 1:19).

성경은 성령의 감동으로 기록된 책입니다. 그러므로 어떤 사람이든지 성경을 읽다보면, 성령 하나님께서 사람의 마음속에 내재된 종교적 본성을 자극하시게 되고 믿음을 선물로 주십니다. 혹, 사람이 다른 종교에 미혹을 받아 거짓 우상을 숭배하는 경우도 생기지만, 하나님께서 영원부터 당신의 백성으로 택하신 사람이라면, 누구라도 말씀을 듣고 믿음으로 하나님의 백성으로 신분이 변화됩니다. 모든 사람들은 이 말씀을 읽고 받아들여야 합니다. 그 때부터 비로소, 하나님과 친밀하게 교제할 수 있고 신앙이 성숙해갈 수 있습니다. 이 말씀을 거부하면 한 걸음도 더 나아 갈 수 없습니다. 당장 마음으로 정 받아들여지지 않는다면 가정적으로라도 그렇다고 접어 두고 계속 읽어가야 합니다.

"태초에 하나님이 천지를 창조하시니라" 여기서 "천지"라는 말은 무슨 뜻일까요? 이런 표현은 단지 하늘과 땅이라는 의미가 아니라 세상에 있는 모든 것을 말합니다. 즉, 하늘에 있는 모든 요소들과 땅에 있는 모든 요소들을 "천지"라고 합니다. 태초 이전부터 하나님께서 계셨습니다. 하나님께서 천지를 창조하시기 전에는 하나님 외에는 아무것도 없었습니다.

정리하자면, 우리가 천지를 지으신 창조주 하나님을 어떻게 이해할 수 있을까요? 첫째, 하나님은 누구에 의해서 창조된 분이 아니라 태초 이전부터 스스로 계신 분이십니다. 둘째, 천지 곧 세상에 있는 모든 만물을 창조하신 분이십니다.

1. 스스로 계신 하나님

이 세상의 모든 피조물은 누군가에 의해 존재가 시작 되었습니다. 달리 헤아려 보면, 분명히 존재하지 않았던 때가 있습니다. 그러나 하나님은 누군가에 의해서 존재하신 분이 아니라 스스로 존재하셨습니다. 한 번도 존재하지 않으신 때가 없었고 앞으로도 없을 겁니다. 출애굽기 2:14을 보면, 모세가 하나님께 드렸던 질문에 대한 답이 기록되어 있습니다. "나는 스스로 있는자"라고 말씀하셨습니다. '하나님'이란, 히브리어로 '엘로힘'이란 말인데 이 단어는 '태초에 스스로 계시고 온 우주를 창조하신 유일한 신'이란 뜻을 담고 있습니다.

'엘로힘'이란 '신들'(gods)이란 복수형인데 모든 다른 종교의 신들과 구별되어 모든 우상들과 만물 가운데서 홀로 주권을 행사하시는 유일한 존재를 뜻합니다. 당시 다른 종교를 믿는 사람들의 세계관을 보면, 많은 신들이 다양한 영역에서 주도권을 가지고 있으며 각 신들은 때로 서로 협력 하고, 때로는 투쟁을 벌인다고 생각했습니다. 그 신들 가운데 하나님도 포함된다고 헛되이 주장했습니다. 다른 종교에도 나름대로 구원의 길이 있다고 주장했습니다.

그러나, 하나님을 경배하는 신앙 이외의 다른 종교의 주장은 신앙이라기보다, 사람이 만들어낸 주관적인 신념에 불과합니다. 성경 이외의 다른 종교에서 말하는 세계관과 교훈에서는 시대와 문화와 공간을 초월해서 모든 현상들의 본질을 꿰뚫는 진리를 발견할 수 없습니다. 그리고, 그들이 말하는 구원의 길에는 생명이 없고 영원한 사망으로 결과될 뿐입니다. 마귀에게 미혹된 사람이 잘못된 종교심을 발휘해서 만들어낸 모조품에 불과하기 때문입니다.

다른 종교에서 말하는 신들이란 실상, 마귀의 세력이 만들어낸 허상들로서, 누가 참 신인가? 논쟁을 벌이려고 애를 씁니다. 하지만, 하나님은 인격적 존재로서 실재하시며, 만물의 모든 영역을 다 의식적으로 주관하고 계시므로 모든 것은 필연에 따라 움직이며, 모든 것에 일관성이 있고 질서가 있습니다.

2. 천지를 창조하신 하나님

"태초에 하나님이 천지를 창조하시니라" 이 말씀에서 우리는 하나님께서 천지를 창조하셨다는 사실을 주의 깊게 관찰할 필요가 있습니다. 앞에서 말한 대로 하나님께서는 천지 곧 하늘과 땅에 있는 모든 것을 다 창조하셨습니다. 하나님께서는 기왕에 존재했던 어떤 물질을 가지고 현존하는 모든 것을 만든 것이 아니라 아무 것도 없는 가운데서 천지를 창조하셨습니다.

"창조하다"(바라)라는 히브리 단어가 무(無)에서 유(有)를 창조했음을 뜻합니다. 그러므로 이 "창조하다"는 하나님에게만 사용될 수 있는 단어입니다. 하나님만이 무에서 유를 창조해내시는 분이십니다. 이런 하나님은 어떤 하나님이실까요?

첫째, 권능자 하나님

하나님은 전능하십니다. 그래서 모든 그리스도인들이 예배 때마다 외우는 사도신경의 첫 마디가 바로 "전능하사 천지를 만드신 하나님을 내가 믿사오며"입니다. 그 하나님은 죽은 자를 살리실 수 있고 실재 그렇게 하셨으며, 말세의 때에도 그렇게 하실 겁니다. 처녀의 몸에서도 아이를 낳게 하셨습니다. 반석에서도 샘물이 나게 하셨고, 마른 막대기에서도 새싹이 나게 하셨습니다.

창세기를 읽어보면 하나의 창조 공식이 나오는데 "하나님이 가라사대 … 그대로 되니라"입니다. 하나님께서 말씀하시면 모든 것이 그대로 됩니다. 어떤 매개체를 통해서 창조하신 것이 아니라 직접 그의 말씀과 성령으로 창조하셨습니다. 이 하나님을 우리의 왕으로 영접할 수 있는 기회가 누구에게나 열려 있습니다. 이 하나님을 영접한 사람은 누구나 창조주의 권능을 덧입고 살 수 있습니다.

둘째, 주권자 하나님

아무 것도 없는가운데서 하나님께서 우주 만물을 창조하셨으므로 하나님께서 우주 만물의 주권자는 하나님이십니다. 우주의 어떤 권능도, 힘도, 어떤 신들도 만유의 주가 되지 못합니다. 오직 하나님만이 주권자요 통치자이십니다. 창세기 1장을 살펴보면 하나님이라는 단어가 31번이나 반복되고 있습니다. 그뿐만 아니라 창조의 기사를 기록하고 있는 1장의 주어가 하나님이십니다. 또한, 앞에서 말했듯이 창조의 공식은 "하나님이 가라사대 … ㄱ 대로 되니라" 입니다. 이것은 하나님께서 절대 주권을 가지셨다는 것을 의미합니다. 하나님께서 말씀하시면 그 어떤 것도 거역할 세력이 없습니다. 하나님께서는 이 우주만물을 창조하시고 이 우주가 제멋대로 되도록 방치하신 것이 아니라 지금도 이 우주 만물을 주관하시고 통치하고 계십니다.

이와같은 하나님의 주권을 믿을 때 하나님께서우리 인생을 가장 선하고 복되게 인도해 주실 것을 믿어야합니다. 하나님께서 창조하시고 돌보실 때 가장 완전하게 돌보실 것을 믿어야 합니다. 하나님께서는 스스로 창조하신 세상을 가장 아끼시며, 자신이 창조하신 세상을 가장 잘 알고 다스리십니다. 그러므로 하나님의 주권을 인정한 사람은 그의 삶이 항상 의미가 있고 장래에 대한 두려움이 조금도 없습니다.

하나님의 주권을 믿지 않는 사람은 모든 것이 우연이고 모든 것이 운명이라고 생각합니다. 인격적인 하나님에 의해서 세상이 창조된 것도 모르고, 어떤 일방적인 힘이 나를 이런 운명에 가두어 놓았기 때문에 내가 어쩔 수 없이 살고 있다고 생각합니다. 그런 인생은 희망 없이 살 수밖에 없습니다. 그러므로 현실 속에 절망하게 되고, 미래를 예측할 수 없으므로 불안과 두려움 가운데 살아가게 됩니다.

하나님께서 만물을 창조하시고 사람을 그리고 나를 창조하셨습니다. 그러므로 모든 피조물에게는 존재 의미가 있습니다. 전지하신 하나님께서 만물과 세상을 창조하셨다면 분명한 목적의식을 가지고 창조하시지 않았을까요? 사람이 볼펜 하나를 만들어도 목적을 가지고 만듭니다. 하물며 하나님께서 나라는 사람을 만드셨을 때는 얼마나 큰 목적을 가지고 만드셨겠습니까? 하나님께서 인간을 창조 하시고는 심히 기뻐하셨다고 했습니다(창세기 1:31). 그러므로 창조주 하나님을 믿음으로 영접한 사람은 자기 존재 목적을 분명히 알고 살게 됩니다. 그 목적은 하나님을 기쁘시게 하는 것입니다. 우리가 어떤 조건 가운데 있든지 우리는 하나님의 영광을 위해서 살아야 합니다.

삶의 환경이 어려워도 우리는 더욱 하나님의 영광을 드러내며 살아야 합니다. 어려운 일을 만날 때, '이 사건을 통해서 하나님께서 의도하신 계획, 과정이 무엇일까?' 깊이 생각해 보면 하나님의 놀라운 뜻이 있는 것을 발견할 수 있습니다.

생각과 나눔

1. 창세기 1:1에서는 천지를 만드신 분이 분명히 하나님이라고 밝히고 있습니다. 이 사실은 나에게 어떤 깨달음과 변화를 주었습니까?

2. 하나님의 창조역사를 반대하는 진화론자와 무신론자들에게 어떻게 이것을 증명할 수 있을까요?

3. 이 글을 읽어볼 때, 나는 하나님 앞에 어떤 존재입니까(창세기 1:31)?

 **소감쓰기**

(Gen1:1) In the beginning God created the heavens and the earth.

본문 살피기

태초란 하나님께서 천지를 창조하심으로써 시작된 시간의 출발점을 의미합니다. 창세기 1:1에 보면 태초에 하나님께서 천지를 창조하셨다고 소개합니다. 이는 현재 존재하는 우주가 의식이 없는 어떤 힘이나 생명이 없는 물질들이 모여서 우연히 생겨난 것이 아니라 하나님의 의도적인 창조의 결과라는 것을 말해 줍니다. 하나님께서는 태초에 우주와 그 가운데 있는 만유를 지으신 천지의 주인이십니다. 하나님께서는 천지 만물을 창조하심으로써 만물의 주인이요 구원자가 되셨습니다.

하나님께서는 말씀으로 창조 첫째 날에 빛을 창조하셨습니다. 빛은 만물 생성의 근원입니다. 하나님께서는 빛을 낮이라 칭하시고 어둠을 밤이라 칭하셨습니다.

둘째 날에는 궁창을 창조하셨습니다. 빛의 창조가 시간의 시작이라면 궁창의 창조는 공간의 시작입니다. 하나님께서는 물을 궁창 위의 물과 아래의 물로 나누셨습니다.

셋째 날의 창조 역사 결과, 천하의 물이 한 곳으로 모여 뭍이 드러나게 되었습니다. 뭍을 땅이라고 하고 물이 있는 곳을 바다라고 하여, 하나님께서는 바다와 대륙이 구분되도록 하셨습니다. 그리고 물과 구분된 땅에 식물이 나서 번성하게 하셨으며, 풀과 씨 맺는 채소와 각기 종류대로 열매 맺는 나무를 내라 하시니 그대로 되었습니다.

하나님께서는 넷째 날에 해와 달과 별들을 궁창 안에 만드셨습니다. 첫째 날에 만드신 빛들이 천체들을 통하여 우주를 밝히도록 하셨고 그 주변의 광명으로 하여금 징조와 계절과 날과

해를 이루게 하셨습니다.

다섯째 날에 하나님께서는 물 속에 사는 물고기와 궁창에 나는 새들을 창조하셨습니다. 물고기와 새는 다 함께 처음부터 다양한 종류로 만들어졌습니다. 하나님께서는 물고기와 새들을 지으신 후에 생육하고 번성하라고 축복하셨습니다.

창조 사역의 마지막 날인 여섯째 날에 하나님께서는 세 가지 유형의 짐승들을 지으셨습니다. 즉 육축과 기는 것, 그리고 땅의 짐승입니다. 이러한 구별은 그 짐승들의 성질과 기능에 따라 적응하고 살아가도록 하기 위해서였습니다. 특히, 창조의 마지막이 되는 이날에 하나님께서는 인간을 창조하셨습니다. 생명이 서식할 수 있는 조건과 제반 환경을 모두 이루신 후에야 인류를 창조하신 까닭은 인간이 하나님의 계획 가운데 가장 중요한 부분이었기 때문입니다.

이 과에서 배울 내용

본문에서 창세기 저자는 이 세계가 어떻게 생기게 되었는가를 자세하고 분명하게 기록하고 있습니다. 하나님께서 모든 만물을 창조하셨다는 사실을 인정할 때, 우리는 피조 세계를 더 깊이 이해할 수 있습니다.

본문강해

첫째 날, 빛을 창조 하셨습니다.

창세기 1장 3~5절을 읽어 보세요. 하나님께서 '빛이 있으라 하시니 빛이 있었다.' 라고 했습니다. 하나님께서 빛을 창조하시기 전에는 아주 캄캄했습니다. 빛이 전혀 없었으니 우리가 상상할 수 없을 만큼 캄캄했던 것입니다. 그런데 하나님께서 말씀 한마디로 빛을 창조 하신 것입니다.

둘째 날, 궁창과 물을 만드셨습니다.

창세기 1장 6~8절을 읽어 보세요. 하나님께서 궁창과 물을 만드사 궁창 아래의 물과 궁창 위의 물로 나누셨습니다. 궁창을 하늘이라고 부르게 되었습니다.

셋째 날, 땅과 바다, 채소, 과일을 만드셨습니다.

창세기 1장 9~13절을 읽어 보세요. 하나님께서 '천하의 물이 한 곳으로 모이고 뭍(땅)이 드러나라하시니 그대로 되었다' 고 했습니다. 그래서 뭍을 땅이라고 부르고 물을 바다라고 불렀습니다. 그리고 땅에는 각기 종류대로 씨 맺는 채소와 각기 종류대로 씨 가진 열매 맺는 나무를 내게 하셨습니다.

넷째 날, 해와 달과 별을 만드셨습니다.

창세기 1장 14~19절을 읽어 보세요. 하나님께서 두 큰 광명체를 만드시고 큰 광명체로 낮을 주관 하게 하시고, 작은 광명체로 낮을 주관하게 하셨습니다. 그리고 많은 별들을 만드셨습니다. 낮을 주관하는 큰 광명체는 해요, 밤을 주관하는 작은 광명체는 달이라는 것을 우리가 알 수 있습니다.

다섯째 날에는 물고기와 새를 창조 하셨습니다.

창세기 1장 20~23절을 읽어 보세요. 하나님께서는 큰 바다 짐승들과 물에서 번성하여 움직이는 모든 생물들을 그 종류대로 창조하셨습니다. 그리고 날개 있는 모든 새들을 창조하셨습니다.

여섯째 날, 짐승과 사람을 창조 하셨습니다.

창세기 1장 24~31절을 읽어 보세요. 하나님께서 땅의 짐승을 그 종류대로, 가축을 그 종류대로, 땅에 기는 모든 것을 그 종류대로 만드셨습니다. 뿐만 아니라 사람을 하나님의 형상대로 창조 하셨습니다.

이 창조의 내용을 도표로 그려보면 하나님의 창조가 계획된 가운데 질서 있게 창조된 것을 볼 수 있습니다. 날들의 연속은 창조 사건들의 순서를 나타내기보다 피조 세계의 질서 정연함을 나타내고 있습니다. 이 도표를 보고 그 질서 정연함을 살펴봅시다.

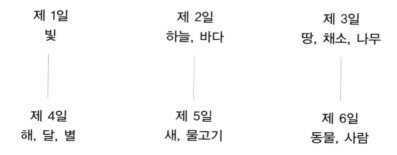

첫 3일의 창조 기사는 인간의 거처가 어떻게 만들어졌는가를 보여주고, 두 번째 3일의 창조 기사는 피조세계-위로는 하늘, 그리고 아래로는 땅과 바다-가 어떻게 충만하게 되었는가를 보여줍니다. 하나님께서는 인간이 살 수 있는 무대 (빛과 어둠, 하늘과 땅, 바다와 식물이 있는 육지)를 예비하신 다음 그 무대를 해, 달, 별들과 조류, 어류, 그리고 동물과 인류로 채우셨습니다. 무형의 상태 (1~3일)에서 충만의 상태 (4~6)로, 무생물에서 동물을 거쳐 마침내 하나님의 창조의 절정인 인간이라는 생명체가 등장하는 순서로 창조하셨습니다. 하나님의 피조물 가운데 인간이 차지하는 중요성은 독특한 창조 과정에 암시되어 있습니다.

① 인간은 창조 주간의 절정에 해당하는 시점에서 창조되었습니다.
② 하나님의 절대 주권적 선포(우리가 … 하자)에 의해 창조되었습니다.
　　일반 명령(…게 하라)과 대조됩니다.
③ 하나님의 형상대로 창조되었습니다(26, 27).
④ 하나님께서 설정하신 목적을 가진 존재로 창조되었습니다(26, 27).
⑤ 인류의 창조는 하나님께서 그들에게 말씀 하셨다는 점에서 특별합니다(28~30).
⑥ 땅을 정복하고 지배하고 다스리라는 특별한 사명을 주셨습니다.
⑦ 하나님께서 사람을 창조하시고 심히 기뻐하셨습니다.

이상의 만물 창조의 내용을 살펴볼 때 우리가 눈여겨 보아야할 것이 있습니다. 첫째, 하나님께서 창조하실 때 종류대로 창조되었다는 말이 많이 반복됩니다. 이것은 진화론자들의 입을 막는 대 선언입니다. 무기물에서 유기물로 진화해서, 유기물이 합쳐서 생명체를 만들고 그것이 진화되었다는 진화론자들의 가르침과 달리 하나님께서는 본래부터 그런 종류로 창조하신 것입니다.

또 하나, 아주 중요하고 위대한 원리를 발견하는데 그것은 하나님-인간-만물의 질서입니다. 하나님만이 만물의 주관자요 통치자요 왕이시며 인간은 하나님의 위임을 받아 만물을 다스리는 권한을 받았습니다. 그러므로 인간은 하나님의 지위에 오를 수 없습니다. 또한 만물을 인간보다 귀하게 생각해도 안 되고 만물을 하나님보다 귀하게 섬겨도 안 됩니다. 하나님-인간-만물의 질서를 지킬 때만 인간은 번영과 평안을 누릴 수 있습니다.

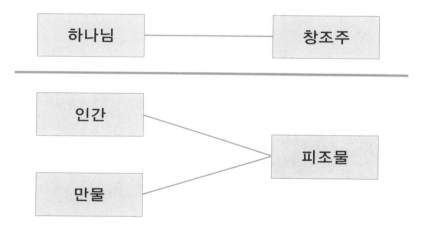

생각과 나눔

1. 엿새 동안 하나님께서 창조하신 것들을 볼 때 하나님의 어떤 계획과 구상을 확인 할
   수 있습니까?

2. 모든 피조물을 다 만드시고, 맨 마지막에 인간을 지으신 특별한 이유가 무엇일까요?

 **소감쓰기**

(Gen 1:27~28) 27 So God created people in his own image; God patterned them after itself; male and female he created them. 28 God blessed them and told them, "Multiply and fill the earth and subdue it. Be masters over the fish and birds and all the animals."

제 3과 | 안식하신 하나님
본문 : 창세기 2장 1~3절

 본문 살피기

엿새 동안 온 우주를 창조하신 하나님께서는 7일째 되는 날 안식하셨습니다. 하나님께서 부족하셔서 쉬신 것이 아닙니다. 이제부터 새로운 형태의 피조물을 다시 만들지 않겠다는 하나님의 공식 선언입니다. 사실 하나님께서는 안식이 필요 없는 전능한 분이십니다. 하나님께서 안식하신 이유는 창조 사역을 완성하셨으므로, 7일째 날을 기념하고 거룩히 구별하기 위해서였습니다.

이 과에서 배울 내용

　　7일째 하나님께서 안식하신 이유는 인간에게 안식의 근거를 제공하시기 위해서였습니다. 하나님께서 친히 안식의 모범을 보이심으로써 이것을 실행하는 인간들이 창조의 주인이신 하나님을 기억하며 그분의 영광을 나타내게 하시기 위해서입니다. 때문에 인간은 안식일을 거룩히 지키며 기념해야 합니다. 안식일을 성수함으로써, 자신의 기원이 하나님의 창조로 말미암았음을 되새길 수 있습니다.

본문 강해

하나님께서 천지와 만물을 6일 동안 창조하시고 제7일에는 안식하셨습니다. 하나님께서는 이 날을 특별히 복을 주셨고 거룩하게 하셨습니다. 출애굽기 20장 8~11절에서 특별히 안식일을 지켜야 한다고 말씀하셨습니다.

"안식일을 기억하여 거룩하게 지키라 엿새 동안은 힘써 네 모든 일을 행할 것이나 일곱째 날은 네 하나님 여호와의 안식일인즉 너나 네 아들이나 네 딸이나 네 남종이나 네 여종이나 네 가축이나 네 문안에 머무는 객이라도 아무 일도 하지 말라 이는 엿새 동안에 나 여호와가 하늘과 땅과 바다와 그 가운데 모든 것을 만들고 일곱째 날에 쉬었음이라 그러므로 나 여호와가 안식일을 복되게 하여 그 날을 거룩하게 하였느니라."

우리가 안식일을 지킬 때 우리가 복되게 살 수 있습니다. 안식일을 지키지 않으면서 일하고 공부한다고 해서 결코 돈을 많이 번다거나 공부를 잘할 수 있는 것이 아닙니다. 안식일을 지켜야 오히려 하나님의 복을 받아 돈도 많이 벌 수 있고 공부도 잘할 수 있습니다.

이스라엘 백성이 이집트를 떠나 가나안으로 가는 길에 40년 동안 광야에서 지내게 되었습니다. 그때 하나님께서는 날마다 만나를 하늘에서 내려 주셨습니다. 이스라엘 백성은 날마다 아침에 광야에 나가 하루의 양식으로 만나를 거두었습니다. 그런데 제 6일에는 2일분을 거두게 하셨습니다. 그리고 안식일에는 만나를 거두러 나가지 못하게 하셨습니다. 그러나 그들 중에 어떤 사람은 안식일에 만나를 거두러 나갔습니다. 그 일로 하나님께서 모세를 향하여 책망하셨습니다. 그리고 출애굽기 16장 26~30절에서 안식일 지키는 교육을 하셨습니다.

> "엿새 동안은 너희가 그것을 거두되 일곱째 날은 안식일인즉 그 날에는 없으리라 하였으나 일곱째 날에 백성 중 어떤 사람들이 거두러 나갔다가 얻지 못하니라 여호와께서 모세에게 이르시되 어느 때까지 너희가 내 계명과 내 율법을 지키지 아니하려느냐 볼지어다 여호와가 너희에게 안식일을 줌으로 여섯째 날에는 이틀 양식을 너희에게 주는 것이니 너희는 각기 처소에 있고 일곱째 날에는 아무도 그의 처소에서 나오지 말지니라   그러므로 백성이 일곱째 날에 안식하니라"
>
> – 출애굽기 16:26~30

안식일을 지키지 않고 일하고 공부하면 절대로 축복을 받지 못합니다. 하나님께서는 안식일을 복 주시고 거룩하게 하셨기 때문에 안식일을 잘 지키는 자가 복을 받습니다. 인간적으로 생각하면 안식일에 일하고 공부하는 자가 공부도 잘하고 돈도 많이 벌 것 같은데 실제로 안식일에 쉬는 자와 일하는 자를 비교해 보면 안식일에 쉬는 자가 일하는 자보다 더 복을 받고 모든 일이 잘된 것을 알 수 있습니다.

그러면 안식일은 무조건 일을 안 하고 공부도 안 하고 쉬기만 하면 되는 것인가요? 아닙니다. 안식일은 하나님께서 거룩하게 하신 날이므로 거룩하게 지켜야 합니다. "거룩"은 "구별되다"라는 뜻입니다. 하나님께서는 모든 피조물과 구별된 존재이십니다. 그래서 거룩하신 하나님이라고 말합니다. 그러므로 안식일을 거룩하게 보내는 구체적인 모습은 안식일에 거룩하신 하나님을 예배하고 거룩하신 하나님과 교제하는 것을 의미합니다. 거룩하신 하나님을 예배하고 교제하기 위해서 우리 자신이 세상과 구별된 삶을 살아야 합니다. 특별히 안식일에는 다른 모든 인간적인 일을 중단하고 하나님께서 기뻐하시는 일을 하면서 거룩하신 하나님과 만남을 경험해야 합니다. 그래서 안식일에 거룩하신 하나님과의 교제 할 때 진정한 쉼을 누리게 됩니다. 거룩이란 절대적인 충성을 왕 되신 하나님께 바치기 위해 특별히 나를 구별하는 것입니다. 그 충성을 표현할 기회를 사람에게 주시려고 선악을 알게 하는 나무의 열매를 먹지 말라고 명령하셨습니다. 진정한 안식을 누리려면 하나님의 허락을 받아 하나님의 안식에 들어가야 합니다.

안식일에 잠이나 자고 실컷 놀 때 쉼이 있는 것이 아니라 거룩하신 하나님을 예배하고 만날 때 진정한 쉼이 있습니다. 주일에 잠이나 자고 육신적인 쾌락만 맛볼 때 월요일은 오히려 피곤해서 아무 것도 못하는 경우가 많이 있습니다. 이것을 흔히 월요병이라고 합니다. 그러나 안식일을 거룩하게 보내게 되면 하나님을 경험하고 힘이 생겨서 나머지 6일을 아주 질 높은 삶으로 살게 됩니다. 그래서 영국 속담에 "거룩이 행복보다 더 좋다."(Holiness is better than happiness)고 했습니다.

또한 하나님께서 안식일을 거룩한 날로 선언하심으로 역사의 마지막 날(종말)에 있을 일을 미리 보여 주셨습니다. 마지막 날에 하나님 나라에서는 거룩하지 않은 사람이 설 수 있는 곳이 없습니다. 오직 거룩한 사람만이 그곳에 설 수 있고 살 수 있습니다. 이 땅에서 우리가 거룩하게 살 때, 마지막 날에 누릴 안식을 미리 맛볼 수 있습니다. 인류 최초의 남자와 여자는 하나님의 축복을 받았으나 거룩하게 되지는 못했습니다. 그래서 그들에게 안식일을 허락하신 것입니다. 범죄하기 전 아담과 하와가 안식일이 필요했다면 하물며 우리에게는 얼마나 안식일이 필요하겠습니까? 안식일은 우리가 거룩하신 하나님과 교제하는 날입니다. 우리에게 너무나 유익한 날입니다.

그러나 우리가 한 가지 알아야 할 사실이 있습니다. 구약 시대에는 주일의 마지막 날을 안식일로 지켰으나 신약 시대 이후에는 주일의 첫날을 안식일로 지키게 되었습니다. 그 이유는 예수님께서 안식 후 첫날에 부활하셨기 때문입니다. 주일은 구약 시대의 안식일보다 예수님의 부활을 기념한다는 의미에서 더욱 축복 된 마음으로 보내야 합니다.

안식일과 주일의 중대한 차이점들

(1) 안식일은 오직 모세의 율법 아래 있었던 이스라엘 민족 만을 위한 것이었고, 주일은 은혜 아래 있는 신약의 하나님의 자녀들을 위한 것입니다.

(2) 안식일은 하나님께서 명령하신 의무로서 수동저으로 지켜야 했던 '율법' 이었지만, 한 주의 첫날인 주일은 크리스천들에 의해 자발적으로 지켜지는 '은혜' 에 속한 것입니다.

(3) 안식일은 육체적 휴식의 날이었으나(출 20:10), 주일은 예수님의 부활을 기념하는 축제 거인 예배의 날입니다. (행 20:7; 계 1:10)

(4) 안식일은 인간의 공로에 의한 구원을 상징하나, 주일은 하나님의 은혜에 의한 구원을 예표하고 나타내므로 완전히 다른 차원의 개념입니다.

예수께서 주연으로 나타나신 신약성경 사복음서를 보면 예수님께서 안식일을 무시했다고 말하는 구절은 발견되지 않습니다. 이러한 용례를 통해서 혹자는 오늘날에도 예수님을 따라서 제 칠일 째 안식일을 예전적으로 지키는 것이 옳다고 말합니다. 그러나 그러한 주장을 하는 것은 매우 성급한 결론에 해당 됩니다. 예수님께서는 마태복음 5장 23~24절을 통해서 희생 제물에 관해서도 매우 중요하게 언급하셨습니다.

따라서 예수님께서 안식일을 무시하지 않았기 때문에 오늘날에도 교회가 안식일을 예전적으로 지켜야 한다면, 예수님께서 동시에 매우 중요하게 언급하신 희생 제물에 관한 규정도 오늘날 교회에서 정확하게 지켜야 한다는 등식이 성립됩니다. 안식일 예배를 주장하기 위해서는 희생 제물에 대한 신학을 동시에 해결해야 할 책임이 그들에게 있게 됩니다.

- 송태흔 목사(예장합동 동인교회) -

생각과 나눔

1. 하나님께서는 처음부터 우리가 엿새를 일하고 일곱째 날에 하나님께 경배하며 하루를 쉬도록 설계하셨는데, 만약 우리가 이 시스템을 지키지 않으면 어떤 일들이 일어날까요?

2. 안식일과 주일의 공통된 점과 다른 점은 무엇일까요?

 소감쓰기

(Gen 2:3) And God blessed the seventh day and declared it holy, because it was the day when he rested from his work of creation.

제 4과 | 하나님께서 창조하신 에덴

본문 : 창세기 2장 4~17절

 **본문 살피기**

사람을 귀한 존재로 창조하신 하나님께서는 동방의 에덴에 동산을 만드시고 그 지으신 사람을 그곳에 살게 하셨습니다. 그리고 보기에 아름답고 먹기에 좋은 나무로 에덴 동산을 꾸미셨습니다. 즉, 사람이 살기에 풍족하고 아무런 불편이 없도록 그곳에 온갖 좋은 식물들이 자라나게 하셨습니다. 지상에서 가장 이상적인 동산을 만드셨으며 여기에 하나님의 형상인 인간이 살도록 하셨습니다.

동방의 에덴에 가장 이상적인 동산을 만드신 하나님께서는 인간을 그곳에 살도록 하시면서 인간에게 동산 안의 모든 과실을 마음대로 먹되 선악을 알게 하는 나무의 열매는 먹지 말라고 하셨습니다. 만일 아담이 그 열매를 먹으면 죽게 된다고 하셨습니다. 이 말은 선악과 그 자체가 사람을 죽게 만드는 독이 있다는 뜻이 아니라 하나님의 명령이 준엄함을 강조하는 것입니다. 이는 피조물과 조물주, 또 하나님과 인간 사이의 최초 행위 계약이기도 합니다.

이 과에서 배울 내용

　2장에 나오는 하나님의 이름은 '야웨' 입니다. 그 의미는 인간을 사랑하셔서 인간과 은혜의 계약을 맺으시는 하나님의 성품입니다. 야웨의 하나님께서는 인간이 축복(창 12:2~3)과 거룩함(출 19:6) 속에서 하나님의 계심을 체험할 수 있는 세계를 세우셨습니다.

　우리는 1장에서 천지 창조의 내용을 이미 살펴보았습니다.

　2장에서는 좀 더 구체적으로 인간 창조와 인간을 위해서 에덴을 창조하신 내용이 기록되어 있습니다. 본문을 통해서 창조 될 때 인간이 얼마나 행복했던가, 그리고 우리가 진정한 행복을 누리려면 어떻게 해야 하는가를 배우게 될 것입니다.

핵심구절 : 창 2:15~17
15 여호와 하나님이 그 사람을 이끌어 에덴 동산에 두어 그것을 경작하며 지키게 하시고 **16** 여호와 하나님이 그 사람에게 명하여 이르시되 동산 각종 나무의 열매는 네가 임의로 먹되 **17** 선악을 알게 하는 나무의 열매는 먹지 말라 네가 먹는 날에는 반드시 죽으리라 하시니라

본문 강해

1. 에덴의 인간(4~7)

하나님께서는 사람을 무엇으로 어떻게 만드셨나요? 2장 7절을 읽어봅시다. "여호와 하나님이 땅의 흙으로 사람을 지으시고 생기를 그 코에 불어넣으시니 사람이 생령이 되니라"이 말씀에 의하면 사람은 흙으로 빚어진 존재입니다. 그러나 사람은 하나님께서 그럴 듯하게 만든 단순한 진흙 덩어리가 아닙니다. 하나님께서는 그의 생기를 사람의 코에 불어 넣으셨습니다. 여기서 "생기"란 우리말로 "생명의 호흡"이라고 말할 수 있습니다.

하나님께서 생명의 호흡을 사람의 코에 불어넣으셨으므로 사람은 비로소 생령, 곧 산 사람이 되었습니다. 이것이 동물과 다른 점입니다. 사람은 하나님의 형상대로 창조되었을 뿐 아니라 생명의 호흡을 하나님께로부터 받았습니다. 그러므로 우리의 생명은 우리의 부모에게서 오기 전에 본질상 하나님께로부터 왔습니다. 그래서 나의 생명이 귀중합니다. 또한 하나님의 형상대로 창조되었으므로 인간은 존엄한 존재입니다. 우리는 창조주께 예배와 충성을 다해야 합니다. 인간은 창조주의 권세를 본받아 피조물을 통치할 수 있게 되었습니다. 그러므로 인간은 땅에서 문명을 건설할 수 있는 능력을 발휘할 수 있습니다. 시편 8:5~9을 참조하세요.

"사람이 무엇이기에 주께서 그를 생각하시며 인자가 무엇이기에 주께서 그를 돌보시나이까 그를 하나님보다 조금 못하게 하시고 영화와 존귀로 관을 씌우셨나이다 주의 손으로 만드신 것을 다스리게 하시고 만물을 그의 발 아래 두셨으니 곧 모든 소와 양과 들짐승이며 공중의 새와 바다의 물고기와 바닷길에 다니는 것이니이다 여호와 우리 주여 주의 이름이 온 땅에 어찌 그리 아름다운지요."

2. 에덴의 동산(8~4)

창세기 2장은 땅 대신 동산을 강조합니다. 하나님께서 인간의 행복을 위하여 에덴에 동산을 창설하셨습니다. 이 동산 한가운데에, 보기 아름답고 먹기 좋은 나무를 두셨습니다. 4개의 강이 에덴에서 발원하여 동산을 적시고 온 땅을 다 적셨습니다. 이것은 에덴으로부터 하나님의 축복과 생명이 온 땅에 흘러넘치게 되었음을 상징합니다. 또한 에덴에는 각종 들짐승과 아름다운 새들이 있었습니다. 인간이 살기에 필요한 모든 것이 갖추어진 축복의 장소였습니다.

하나님께서 사람을 이 동산에 이끌고 와서 그곳에 두고 다스리며 지키게 하셨습니다(2:8, 15). 이것은 하나님께서 사람에게 동산에서의 할 일을 지정해 주신 것입니다. 사람의 할 일은 동산을 다스리며 지키는 것입니다. 히브리어로 "다스리다"라는 말은 "경작하다"라는 뜻입니다. 아담이 할 일은 동산을 경작하는 것이었습니다. 손으로 흙을 파고, 땀을 흘리며 노동을 하는 겁니다.

그래서 노동은 창세 때부터 하나님께서 사람을 위하여 정하신 창조 규정입니다. 하나님께서 만드신 낙원은 사람이 빈둥거리며 한가로이 지내는 곳이 아니었습니다. 그래서 성경은 일하기 싫어하거든 먹지도 말라고 가르치며(데후 3:10~12), 기독교 윤리는 정당한 노력의 대가를 치루지 않은 소득은 옳지 않다고 규정합니다.

또한, "다스리다"라는 말은 "섬기다"라는 뜻도 있는데 이것은 종교적으로 예배한다는 뜻입니다. 히브리어의 "지킨다"라는 뜻은 부정한 것으로부터 깨끗이 지킨다던가, 혹은 율법이나 계명을 지킨다는 종교적인 의미도 있습니다. 여기서는 종교적인 의미로 쓰였다고 볼 수 있습니다. 그러므로 사람의 사명은 동산을 경작하고 그를 만드신 하나님을 예배하고 또한 계명을 지키는 것입니다.

하나님께서 사람을 그 형상대로 만드시고 사람에게 주신 명령은 모든 생물을 다스리라는 것이었습니다. 2:19, 20에서는 아담이 모든 생물의 이름을 짓는 모습을 보여주고 있는데 이는 분명히 1:28의 명령에 따라 그가 각종 생물들에게 창조주와 동등한 권위를 가지고 그들에게 존재의 의미를 부여하며, 그의 통치권을 행사하는 장면이라 할 수 있습니다.

3. 에덴의 질서(15~17)

에덴에서의 생활을 행복하게 하는 가장 중요한 요소는 에덴의 질서를 위해서 선악을 알게 하는 나무의 열매를 먹지 말라는 명령을 준수하는 데에 있었습니다.

> "여호와 하나님이 그 사람에게 명하여 이르시되 동산 각종 나무의 열매는 네가 임의로 먹되 선악을 알게 하는 나무의 열매는 먹지 말라 네가 먹는 날에는 반드시 죽으리라 하시니라"
> (16, 17)

여기서 "선악을 알게 하는"이란 말은 모든 것을 내포하는 전반적인 지식을 의미합니다. 곧 사람이 자기의 안녕과 이해에 관하여 필요한 모든 지식을 의미합니다. 그러므로 선악을 아는 모든 지식은 하나님께만 속한 것입니다. 그런데 그 선악과를 따먹음으로 하나님의 명령에 불순종한다는 것은 하나님의 계시에 의존하지 않고 독자적으로 자기의 노력과 지혜를 가지고 살겠다는 것을 의미합니다. 하나님 없이도 독자적으로 자기 판단대로 살 수 있다고 생각한 것은 타락한 인간의 가장 비극적인 생각입니다.

원래 하나님께서는 이 명령을 통해서 창조주로서 그의 주권과 위엄과 권위와 능력을 사람에게 선포하셨습니다. 사람은 동산 중앙에 있는 이 선악을 알게 하는 나무의 열매를 볼 때마다 하나님의 계명을 기억해야 했습니다. 자기가 하나님의 피조물임을 잊지 않고 오직 인생을 살아가는데 필요한 모든 지혜는 하나님께로만 온 것을 알고 항상 하나님을 의지하며 살아갈 때 에덴은 인류의 영원한 축복의 장소가 될 수 있는 것입니다. 하나님의 지혜와 능력을 덧입어 모든 피조물을 다스릴 수 있고 무슨 일을 하든지 형통하게 됩니다. 하나님께서 인간에게 주신 "선악을 알게 하는 나무의 열매를 먹지 말라"는 계명은, 인간으로 하여금 질서 가운데 행복하게 살 수 있도록 하신 하나님의 사랑입니다.

생각과 나눔

1. 하나님께서 사람을 어떤 방식으로 만드셨나요? 사람이 동물과 다른 점은 무엇인가
   요?

2. 사람의 존재 의미와 인생의 목적은 어디에서 와야 할까요? 또 그것은 내가 인생을 살
   아가는 목적과 어떤 연관이 있습니까?

3. 하나님께서 "선악을 알게 하는 나무의 열매를 먹지 말라"하신 계명이 왜 우리에게
   사랑의 계명이라고 생각합니까?

 **소감쓰기**

(Gen 2:16~17) 16 But the LORD God gave him this warning: "You may freely eat any fruit in the garden 17 except fruit from the tree of the knowledge of good and evil. If you eat of its fruit, you will surely die."

 **본문 살피기**

아담은 어느 면으로 보나 부족함이 없었습니다. 하나님께서는 아담을 위하여 에덴 동산을 지어 두셨고 그 안에는 보기에 아름답고 먹기에도 좋은 열매들이 있었습니다. 그리고 온갖 종류의 육축들과 짐승들이 아담의 친구가 되었습니다. 그러나 모든 짐승들은 짝이 있었고 동류가 있었는데 만물의 영장인 인간은 혼자였습니다. 아담에게는 짝도, 동류도 없었던 겁니다.

사람이 독처하는 모습을 보신 하나님께서는 아담을 깊이 잠들게 하셨습니다. 여기에서 아담의 잠은 자연적인 수면이 아닙니다. 즉 피곤에서 오는 잠이 아니라 하나님께서 아담의 배필을 만드시기 위해 재우신 초자연적인 잠입니다. 하나님께서 깊이 잠든 아담의 갈빗대 하나를 취하여 그것으로 여자를 만드셨습니다. 아담의 갈빗대로 하와를 만드신 하나님께서는 그들이 합하여 한 가정을 이루도록 하셨습니다. 그러므로 남자는 성인이 되면 부모를 떠나 자신의 뼈요 몸인 여자와 한 몸을 이루고 살게 됩니다. 그러므로 성년 된 자의 결혼은 하나님의 창조 질서에 맞는 조화로운 일입니다.

이 과에서 배울 내용

　창세기 2장에서는 하나님께서 결혼제도를 만드심으로 가족 단위가 강조되고 있습니다. 저자는 1장에서 남자와 여자에 대해서 이미 말한 적이 있습니다. 그들은 모두 축복의 대상이었고 또한 문화 명령을 수행할 사람들이었습니다(1:26, 27). 창세기 2장은 남자에 관한 이야기로 시작하여 그가 동산을 다스리고 지켜야 할 것을 명하시는 내용을 기록하고 있습니다. 그리고 18절에서는 하나님께서 보시기에 사람이 독처하는 것이 좋지 못하여 돕는 배필을 지으리라고 말씀하셨고, 아담을 깊이 잠들게 한 후 그 갈빗대를 취하여 그의 배필을 만드셨습니다(21절). 하나님께서 세우신 결혼에 대해서 우리는 몇 가지 중요한 진리를 배울 수 있습니다.

핵심구절 : 창 2:23～24
23 아담이 이르되 이는 내 뼈 중의 뼈요 살 중의 살이라 이것을 남자에게서 취하였은즉 여자라 부르리라 하니라 **24** 이러므로 남자가 부모를 떠나 그의 아내와 합하여 둘이 한 몸을 이룰지로다

본문 강해

첫째, 결혼은 하나님이 창설하신 것입니다

결혼의 필요성을 사람이 알기 전에 하나님께서 먼저 아셨습니다. 하나님께서 결혼의 필요
성을 아셔서, 여자를 만드셨고, 짝을 지어 주셨습니다. 하나님께서 주례를 서셨고, 이들이 부
부가 되었음을 선언하셨습니다. 여기에는 두가지 의미가 있습니다. 첫째, 하나님께서 짝지어
주시기전에는 부적절한 행위, 즉 혼전 성관계를 해서는 안 됩니다. 둘째, 결혼은 하나님께서
세우신 제도로서 결혼은 신성하고 거룩한 것입니다. 오늘날 결혼을 너무 가볍게 결정하고 쉽게
이혼하는 풍조는 결혼의 거룩성을 망각한 모습입니다. 결혼을 하나님께서 짝 지어 주신 것으로
알고 신성시 여기며 감히 사람이 나눌 수 없는 것으로 알아야합니다(막 10:9). 오늘날 이혼이
많아진 이유는 하나님께서 결혼 제도를 제정하셨고, 짝 지어 주셨다는 사실을 망각하고 단지,
자신들이 좋아해서 결혼했으므로 헤어질 수도 있다고 잘못 생각한 데서 비롯된 비극입니다.

둘째, 여성의 목적은 남성을 보완하는 것입니다

하나님께서 여성을 돕는 배필로 지으셨습니다(18, 20). 여기서 "돕는 배필"이란 말은 많은 학자들의 말에 의하면 단순히 일을 돕는다거나 아이를 낳는 일만을 의미하지 않고 넓은 의미의 도움을 뜻합니다. 남자가 동물들의 이름을 지어주고 나서 여자를 만드신 것은 여성의 목적을 암시해준다고 생각합니다.

즉 여성의 목적은 남성으로 하여금 하나님의 명령을 끝까지 충성스럽게 감당하도록 돕는 겁니다. 선악을 알게 하는 나무의 열매를 먹지 말도록 도와야할 사람이 여자였습니다. 그러나 슬프게도 여자가 그렇게 돕지 못하여 큰 비극을 초래하게 되었습니다.

가족은 하나님께서 독특하게 설계하고 만든 것으로서 하나님의 명령을 순종하고 하나님과 조화를 이루며 살라고 주신 제도입니다. 가족 단위는 창세로부터 땅의 종말에 이르기까지 하나님의 복된 임재와 그분과의 교제를 확장시키는 수단으로 존재하게 되었습니다.

셋째, 남자는 여자와 연합하기 위하여 부모를 떠나야합니다

"이러므로 남자가 부모를 떠나 그의 아내와 합하여 둘이 한 몸을 이룰지로다"(24절)

흔히 결혼을 하면 여자가 부모를 떠나는 경우가 많은데 성경은 남자가 부모를 떠나라고 했습니다. "떠나다"의 히브리어의 뜻은 "버리다"라는 뜻입니다.

그러나 이 말을 문자적으로 해석하여 결혼하면 남자가 부모를 버려야한다는 의미가 아닙니다. 성경은 엄연히 부모를 공경하라고 가르칩니다. 이 의미를 이해하기 위해서는 셈족의 가족 제도를 이해할 필요가 있습니다. 셈족의 가족 제도는 엄격한 가부장적인 제도입니다. 자식은 절대적으로 그 아버지의 권위에 복종하고, 아버지에게 정신적으로나 경제적으로 의존하며, 그 아래에 있어야 합니다. 그러나 결혼을 함으로써 남자는 독립된 한 인격체로서 독립된 가정을 이루고, 그 새로운 가정에 대한 책임자가 됩니다.

남자가 부모를 떠난다는 것은 이와 같은 문화적인 배경에서 이해해야 합니다. 결혼한 후 남자는 자립적으로 여자를 부양해야할 책임을 져야 합니다. 그 뿐만 아니라 영적으로 정신적으로 가정을 바로 이끌고 가야할 책임이 있고 여자는 그렇게 되도록 남자를 도와야 합니다. 남자가 이런 책임을 다 하지 못할 때 여자가 책임을 대신 지는 경우가 있는데 바람직한 것이라고 볼 수 없습니다. 물론 일시적으로 여자가 영적인 리더십이 있을 때 그 일을 할 수 있으나 결국, 남자가 영적인 리더십을 가지고 가정을 이끌어 가도록 도와야 합니다.

넷째, 결혼은 두 남녀가 한 몸을 이룬 것입니다

"이러므로 남자가 부모를 떠나 그의 아내와 합하여 둘이 한 몸을 이룰지로다"(24절)

여기서 한 몸을 이룬다는 것은 단순히 육체적인 결합이나, 이를 통하여 자녀를 얻게 된다는 것을 의미하거나 인격적이고 영적인 결합만을 의미하는 것이 아닙니다. 결혼을 함으로 남편과 아내는 형제 자매라는 친족 관계(kinship relation)를 형성하게 됩니다.

아담이 아내를 가리켜 "내 뼈 중의 뼈요, 살 중의 살"이란 말도 사실은 전통적인 히브리 사람들의 "너는 내 뼈요, 내 살이다"(창 29:14 ; 삿 9:2 ; 삼하 5:1 ; 19:13~14)고 하는 친족 공식(kinship formula)의 일종입니다. 우리의 관습은 친족 관계를 말할 때 피를 나누었다고 말하지만, 히브리 사람들은 '뼈와 살을 나눴다'고 말합니다. 이처럼 결혼의 결과 남편과 아내가 영원한 혈족 관계를 이루게 되었으므로 이 관계는 이혼이나 죽음으로 파괴될 수 없습니다. 그래서 성경은 한 번 이혼한 아내를 다시 자기 아내로 데려오지 못하게 했습니다.(신 24:1~4 ; 레 18, 20장)

생각과 나눔

1. 하나님께서 결혼제도를 세우셨습니다. 이 사실이 주는 두 가지 교훈이 무엇입니까?

2. 성경은 가정에서 리더십의 우선순위가 어떠해야 한다고 교훈합니까?

3. 결혼 전까지 우리가 순결을 지켜야할 이유가 무엇이라고 생각합니까?

 소감쓰기

(Gen 2:22~24) 22 Then the LORD God made a woman from the rib and brought her to Adam. 23 "At last!" Adam exclaimed. "She is part of my own flesh and bone! She will be called 'woman,' because she was taken out of a man." 24 This explains why a man leaves his father and mother and is joined to his wife, and the two are united into one.

본문 살피기

창세기 3장에는 사람이 철저하게 순종해야 할 하나님의 명령을 무시하고 사단의 유혹에 빠져서 타락한 이야기가 기록되어 있습니다. 성경 가운데 창 3장의 사건이 없었다면 얼마나 좋았을 까요? 모든 사람들도 공감할 것입니다. 본장에는 인류의 그 비극과 불행이 기록되어 있습니다.

사단은 그 많은 짐승 중에서도 가장 간교한 뱀을 통해 인간이 죄를 범하게 했습니다. 창 3:1의 말씀을 통해 우리는 뱀이 피조물로서 하나님의 특별한 은총을 받았음을 알 수 있습니다. 왜냐하면 '간교하다' 라는 말은 사악하거나 음흉하다는 말이 아니라 좋은 의미에서 '신중하다, 슬기롭다' 라는 뜻이 있기 때문입니다. 그러나 이러한 뱀이 에덴 동산에서 사단의 도구로 이용되고 나서 성경에 나타난 모든 뱀은 언제나 유혹의 상징인 사단과 동일한 의미로 사용되었습니다.

에덴 동산에서 행복하게 지내던 아담과 하와에게 사단의 시험이 찾아왔습니다. 뱀을 통하여 인간을 유혹하려던 사단의 술책은 아주 교묘했습니다. 여자가 남자보다 연약한 존재이므로 뱀은 먼저 여자인 하와에게 접근해서 그녀를 유혹했습니다. 뱀은 하와에게 접근할 때 하와도 아는 평범하고 상식적인 말을 건네면서 다가갔습니다. 하와는 평범한 대화였기 때문에 자신도 자연스럽게 그 질문에 대답하며 이야기를 주고받았습니다.

하와는 사단의 도구였던 뱀의 미혹에 넘어갔고, 하나님께서 금지하신 선악과를 따먹고 말았습니다. 그리고 남편인 아담에게도 그 열매를 주어 먹게 했습니다. 우리는 이 사건을 통해 아담과 하와의 범죄가 얼마나 큰 것인지 알아야 합니다. 하나님께서는 인간을 자상하게 배려하셨습니다. 그러나 이와는 대조적으로 인간은 선악과를 먹지 말라는 지극히 작은 명령조차 지키지 못했습니다.

 이 과에서 배울 내용

우리는 제 1강에서 하나님께서 창조하신 세계가 질서 있고 조화롭고 아름다운 세계란 사실을 배웠습니다. 그 가운데 살고 있는 인간은 참으로 행복했습니다. 그러나 오늘날 우리가 사는 세상은 어떤가요? 이 세상은 슬픔과 비극과 폭력으로 가득 차 있습니다. 이러한 가운데 살고 있는 인류는 낙원을 상실하고 방황하게 되었습니다. 왜 이렇게 되었을까요? 본문에서 인간이 타락하게 된 원인과 결과가 무엇일까요? 이러한 세상속에 살면서 우리는 어떤 소망을 발견할 수 있을까요?

핵심구절 : 창세기 3:6
여자가 그 나무를 본즉 먹음직도 하고 보암직도 하고 지혜롭게 할 만큼 탐스럽기도 한 나무인지라 여자가 그 열매를 따먹고 자기와 함께 있는 남편에게도 주매 그도 먹은지라

본문 강해

창세기 3장에 나오는 인류 타락의 기사는 창세기 1, 2장의 천지 창조 기사와 함께 성경에서 가장 중요한 사건 중 하나입니다. 어떤 사람은 본문의 사건을 신화로 보는 경우가 있습니다. 그러나 그 의견은 지지받을 수 없습니다. 만약 본문의 사건이 진실이 아니고 신화라고 한다면 악의 근원을 알 수 없고 성경의 나머지 부분이 무의미하게 됩니다. 예수님도 신화요 복음도 허구가 됩니다. 본문의 사건은 인류의 역사가 비극적으로 바뀌는 최초의 가장 큰 사건입니다. 과연 죄가 어떻게 이 세상에 들어왔을까요?

> "그런데 뱀은 여호와 하나님이 지으신 들짐승 중에 가장 간교하니라 뱀이 여자에게 물어 이르되 하나님이 참으로 너희에게 동산 모든 나무의 열매를 먹지 말라 하시더냐"(창 3:1)

본문에 나온 뱀을 성경에서는 사단으로 봅니다(계 12:7~9). 창세기 기자는 사단의 기원에 대해서 아무런 설명을 하지 않고 있습니다. 다만 하나님의 피조물임을 밝힐 뿐입니다. "여호와 하나님이 지으신 들짐승 중에 뱀이 가장 간교하니라" 에덴동산에서 홀로 있던 여자에게 뱀이 와서 유혹했습니다. "뱀이 여자에게 물어 이르되 하나님이 참으로 너희더러 동산 모든 나무의 열매를 먹지 말라 하시더냐" 이 말씀은 본래 하나님의 말씀과 달랐습니다.

2:16, 17을 읽어보세요. "여호와 하나님이 그 사람에게 명하여 가라사대 동산 각종 나무의 실과는 네가 임으로 먹되 선악을 알게 하는 나무의 열매는 먹지 말라"고 하셨습니다. 그러나 뱀은 "하나님의 말씀을 약간 바꾸어 모든 나무의 열매를 먹지 말라 하시더냐?"로 바꾸었습니다. 이렇게 물은 사단의 의도가 무엇입니까? 이것은 여자로 하여금 하나님의 말씀에 대하여 불만을 품도록 하기 위함입니다. 사단의 전략은 의심을 심는 것입니다. 남녀가 서로 사랑하다가 오해가 생겨 사랑을 의심해서 헤어지는 것을 봅니다. 이것이 바로 사단의 유혹 방법입니다.

이런 뱀의 유혹의 말을 들은 여자의 반응이 무엇입니까?

> "여자가 뱀에게 말하되 동산 나무의 열매를 우리가 먹을 수 있으나 동산 중앙에 있는 나무의 열매는 하나님의 말씀에 너희는 먹지도 말고 만지지도 말라 너희가 죽을까 하노라 하셨느니라"(2, 3)

하나님의 사랑의 계명을 회의적인 질문으로 슬쩍 바꾸어 던져보자, 여자는 말려 들었습니다. 하나님께서는 "동산 각종 나무의 실과는 네가 임으로 먹되 선악을 알게 하는 나무의 열매는 먹지 말라"고 하셨으나 "먹지도 말고 만지지도 말라"고 여자는 말을 덧붙였습니다. 하나님께서는 "정녕 죽으리라" 하셨습니다. 그러나 이 여자는 "죽을까 하노라"라고 하나님의 절대적인 말씀을 상대적으로 바꾸어 버렸습니다. 죽지 않을 수도 있을 거라고 교묘한 속내를 은근히 내비칩니다. 이것이 유혹에 넘어 갈 수 있는 어떤 실마리를 보여준 겁니다.

이 여자는 하나님의 입장에서 하나님의 말씀을 생각한 것이 아니고 사단의 입장에서 하나님의 말씀을 생각했습니다. 그러므로 하나님의 말씀이 못마땅한 겁니다. 이렇게 뱀은 여자가 이미 자기편으로 들어온 것을 알고 아주 담대하게 하나님의 말씀을 거짓으로 바꾸어 여자로 하여금 하나님의 명령을 거역하도록 유혹했습니다.

"뱀이 여자에게 이르되 너희가 결코 죽지 아니하리라 너희가 그것을 먹는 날에는 너희 눈이 밝아져 하나님과 같이 되어 선악을 알 줄 하나님이 아심이니라"(4, 5)

4절 말씀은 하나님의 말씀을 거짓으로 바꾼 것이고, 5절 말씀은 하나님의 사랑을 의심하게 하는 말입니다. 하나님께서는 인류를 사랑하셔서 선악과를 먹지 말게 함으로 하나님을 의존하며 자기의 피조물의 위치를 지킴으로 축복 가운데 있기를 원하셨습니다. 그러나 사단은 마치 하나님께서 인간을 미워해서 불행한 가운데 두게 하신 것처럼 하나님의 사랑을 의심케 했습니다. 그리고 너도 하나님과 같이 될 수 있다는 교만을 심어 놓았습니다. 이렇게 사단에게 유혹을 받은 여자는 하나님의 사랑을 의심하고 하나님을 대적하여 하나님의 명령을 어기고 말았습니다.

"여자가 그 나무를 본즉 먹음직도 하고 보암직도 하고 지혜롭게 할 만큼 탐스럽기도 한 나무인지라 여자가 그 열매를 따먹고 자기와 함께 있는 남편에게도 주매 그도 먹은지라"

하나님께서는 일찍이 그 동산에 "보기에 아름답고 먹기에 좋은 나무"가 나도록 하셨습니다(2:9). 생명나무와 선악을 알게 하는 나무도 사실은 그중에 있었던 나무들이었고, 특별히 그 나무들이 그 여자에게 식욕을 돋운다거나 탐미적인 자극을 준다거나 지혜에 대한 호기심을 불러일으킬 만 하지도 않았습니다.

그러나 뱀에게 유혹을 받고 나서는 선악을 알게 하는 나무의 열매만이 유별나게 온갖 인간의 욕심을 충족시킬 수 있는 특별한 열매로 보였습니다. 그 여자의 눈에는 마치 그 나무의 열매가 자기를 하나님과 동등하게 만들어주는 마술적인 요소가 담긴 신비한 약처럼 비추어졌습니다.

사실 그 동산의 모든 것이 다 그대로 있는데 그 여자의 마음에만 변화가 일어났던 것입니다. 미혹된 여자는 거기서 끝내지 않았습니다. 그 열매를 따 먹지 않으면 견딜 수 없는 지경에 이르게 되었습니다. 이미 여자의 마음 가운데는 탐욕이 자리 잡았고, 그 여자에게는 그것을 제어할 능력이 없었습니다. 결국 여자는 그 열매를 따 먹고 말았습니다. 그뿐만 아니라 자기와 함께 한 남편에게도 주어서 먹게 했습니다. 여기서 여자는 아무 말도 없이 그 실과를 그의 남편에게 넘겨주었고, 남자도 그의 아내에게 아무런 주저도 저항도 없이 주는 대로 받아먹었습니다.

여기서 우리는 사단에 대하여 몇 가지 알 수 있습니다.
첫째, 사단의 정체가 무엇인가 알 수 있습니다. 사단의 정체는 거짓말쟁이요, 유혹자입니다(요 8:44참조).
둘째, 사단이 유혹하는 방법이 무엇인지 알 수 있습니다. 사단의 유혹 방법은 하나님의 사랑을 의심하게 만드는 겁니다.

셋째, 사단이 유혹하는 목적이 무엇인지 알 수 있습니다. 유혹의 목적은 하나님의 말씀을 반역하고 불순종하게 하는 것입니다.

사단은 하나님과 좋은 관계에 있던 인간을 이간질해 하나님과 원수 관계로 만들었습니다. 죄의 결과 하나님과의 관계가 깨졌습니다. 그러나 예수님께서는 자신이 십자가에 돌아가심으로 우리의 죄를 사해 주셨고 하나님과 화목하게 하셨습니다. 우리는 예수님을 믿음으로 다시 하나님과 바른 관계로 살게 되었습니다. 이것이 기독교에서 말하는 '구원'입니다.

타락의 결과

1. 의(義)의 옷을 상실함 (창 3:7, 11)
2. 하나님과의 직접 교제가 끊어짐 (창 3:8~11)
3. 사망 (창 3:22~24)
4. 생명과를 상실함 (창3:22~24)
5. 에덴동산을 상실함 (창 3:23, 24)
6. 지구의 통치권을 상실함 (창 1:28)
7. 영생을 상실함 (창 3:22)
8. 사단의 종이 됨 (롬 6:16, 요 8:44)
9. 해산의 고통 (창 3:16)
10. 힘든 노동 (창 3:17~19)
11. 땅이 저주 받음 (창 3:17, 18)
12. 뱀이 저주 받음 (창 3:14)

생각과 나눔

1. 사단은 아담에게 말씀하신 하나님의 명령을 어떻게 왜곡했습니까? 나는 하나님의 말씀을 정확하게 배우려고 어떤 노력을 하고 있습니까?

2. 하나님께서는 우리가 행복하기를 원하시고 이를 위해 오늘도 말씀하십니다. 이 말씀이 그렇게 마음에 와 닿지 않고 피해의식으로 느껴지거나 회피하게 되는 근본적 원인이 무엇일까요?

 소감쓰기

(Gen 3:6) The woman was convinced. The fruit looked so fresh and delicious, and it would make her so wise! So she ate some of the fruit. She also gave some to her husband, who was with her. Then he ate it, too.

제 7과 | 죄의 형벌과 하나님의 사랑

본문 : 창세기 3장 7~24절

 본문 살피기

하나님께서 범죄한 아담과 하와에게 찾아오셨습니다. 하나님께서는 아담을 찾은 후 먼저 엄히 그의 죄를 책망하셨습니다. 그 책망은 매우 준엄했지만 깊은 사랑을 담고 있었습니다. 그런데 그에 대한 아담의 답변을 보면 그는 모든 책임을 하와에게 전가했습니다. 아담이 범죄에 대한 책임을 하와와 하나님께 돌린 데 비해 하와는 그것을 뱀에게 돌렸습니다.

범죄의 결과 아담과 하와에게는 수치심이 찾아왔습니다. 아담은 스스로 '벗었다' 고백했습니다. 그는 범죄 이전까지는 벗었지만 벗은 줄 몰랐습니다. 그런데 범죄로 말미암아 벗은 줄 알게 되었습니다. 큰 수치를 느끼게 되었습니다. 죄로 인해 오염된 인간은 수치를 느끼게 되었습니다. 부끄러움이 없었던 하나님의 선한 창조 세계에 부끄러움이 들어왔기 때문입니다.

다음으로 범죄한 아담에게 찾아온 것은 두려움입니다. 그것은 범죄가 자신에게 가져올 결과에 대한 두려움입니다. 오늘날 이러한 두려움은 극대화되고 있습니다. 범죄한 인간은 하나님과의 친밀한 교제를 할 수 없을 뿐만 아니라 늘 불안하고 두려워하는 생활을 할 수밖에 없게 되었습니다. 죄로 인한 두려움은 인간을 더욱 비참하게 만들고 왜소하게 만들어 점차 하나님으로부터 더 멀어지게 합니다.

64 사랑을 변화시키는 **말씀의 능력**

범죄한 아담과 하와에 대한 하나님의 처리는 그들을 유혹하여 범죄케 한 뱀에 대하여 저주하시고 그 장래 운명을 예고하심으로부터 시작되었습니다. 본문 14절과 15절에 하신 말씀은 들짐승으로서의 뱀에게 뿐만 아니라 그의 주관자인 사단에 대해서 하신 말씀인 것을 우리는 알 수 있습니다. 즉 뱀에 대한 가혹한 저주는 곧 그리스도를 대적할 사단에 대한 저주로서 장차 그가 그리스도의 사역으로 치명상을 입을 것임을 예고한 것입니다.

뱀을 저주하신 하나님께서는 이제 아담과 하와에게 저주하셨습니다. 먼저 하와에게는 잉태하는 고통과 자녀를 생산하는 수고를 더하셨습니다. 그리고 남편을 사모해야 하고 남편의 다스림을 받아야 한다고 말씀하셨습니다. 선악과를 따먹은 범죄에 대한 가장 무서운 저주가 아담에게 내려졌습니다. 노동의 수고와 죽음에 대한 선고였습니다. 그가 받은 저주는 인생의 고난과 종교적 파산이었습니다.

하나님께서는 범죄한 아담과 하와에게 무거운 징계를 하셨지만, 그 후 은혜를 베푸셨습니다. 육적 죽음의 유예와 벗은 수치를 가리워 줄 가죽옷을 지어 입혀 주셨습니다. 하나님께서는 가죽옷을 지어 입히셨고, 범죄한 인간을 향한 당신의 자비를 나타내셨습니다. 가죽옷을 지어 입기 위해서 동물의 희생이 필요했으며 이것이 인간의 죄를 속하는 역할을 했던 것입니다.

 이 과에서 배울 내용

우리는 창세기 3장의 말씀을 통해 이 땅에 죄악이 어떻게 유래되었으며 그것이 얼마나 치명적인 결과를 가져 왔는지를 알 수 있습니다. 그리고 스스로 범죄를 자초한 인간의 악한 행위와는 대조적으로 그러한 죄인에게 마저 또다시 구속의 은총을 선포하시는 하나님의 사랑을 보게 됩니다.

핵심구절 : 창세기 3:19
네가 흙으로 돌아갈 때까지 얼굴에 땀을 흘려야 먹을 것을 먹으리니 네가 그것에서 취함을 입었음이라 너는 흙이니 흙으로 돌아갈 것이니라 하시니라

본문 강해

아담이 선악과를 따 먹은 결과는 별로 대수롭지 않게 보입니다. 그러나 이것은 하나님의 명령을 거역하였으므로 무서운 죄입니다. 이것은 선악과를 따 먹은 아담과 하와에게만 해당 된 것이 아니고 온 인류에게 죄가 들어오게 만들었습니다. "그러므로 한 사람으로 말미암아 죄가 세상에 들어오고 죄로 말미암아 사망이 들어왔나니 이와 같이 모든 사람이 죄를 지었으므로 사망이 모든 사람에게 이르렀느니라"(롬 5:12; 참조 롬 5:15, 17).

여기서 모든 사람이 죄를 지었다는 말은 모든 사람이 스스로 죄를 지었다는 의미보다는 대표성을 지닌 아담과의 연대적 관계 때문에 아담과 함께 죄인이 되고 아담과 더불어 죽게 되었다는 의미입니다. 이는 롬 5:14의 "아담으로부터 모세까지 아담의 범죄와 같은 죄를 짓지 아니한 자들까지도 사망이 왕 노릇 하였나니"라는 말씀을 통해서도 분명히 증거됩니다. 죄를 지은 인간에 대한 하나님의 반응은 죄에 대해서는 형벌을 내리셨지만 근본적으로 인간을 사랑하십니다.

1. 죄의식

그들의 눈이 밝아 자기들의 몸이 벗은 줄을 알고 무화과나무로 치마를 했다고 했습니다(7절). 하나님의 형상의 기본 요소인 양심이 살아나서 그가 지었던 죄가 무엇인지를 알게 되었습니다. 인간은 죄를 짓고 결코 숨겨질 수 없습니다. 남을 속일 수 있을지는 몰라도 자기를 속일 수 없습니다. 그래서 발가벗었으나 부끄러움 없이 하나님과 교제했던 아담과 하와는 죄 때문에 부끄러움이 생겨 무화과 잎으로 자기의 수치를 가리게 되었습니다. 그러나 그것이 결코 그의 수치를 감출 수 없었습니다.

또한 그들은 죄의식으로 인해 하나님의 낯을 피하게 되었습니다(8절). 죄를 범한 인간은 하나님께 나아갈 수 없게 되었습니다. 이것이야 말로 죄지은 인간의 최대 비극입니다.

2. 하나님의 징벌

하나님께서는 결코 죄지은 자를 내버려 두지 않으십니다. 하나님께서는 공의로우시므로 죄를 묵인하실 수 없습니다. 반드시 징벌하십니다. 죄에 대한 하나님의 징벌은 저주와 죽음과 낙원 추방입니다.

첫째, 저주입니다.

13, 14절에는 뱀에 대한 저주가 나오고, 16절에는 여자에 대한 저주가 나옵니다. 17, 18절은 남자에 대한 저주가 나옵니다.

둘째, 죽음입니다.

"필경은 흙으로 돌아가리니 네가 그것에서 취함을 입었음이라 너는 흙이니 흙으로 돌아갈 것이니라"(19절)

이 말씀은 사람이 원래 흙으로부터 빚어졌기 때문에 사람을 가리켜 흙이라고 말하는 것이고, 흙으로 돌아간다는 말은 육체의 죽음을 의미하는 것입니다. 2:17에서 여호와 하나님께서는 아담에게 선악을 알게 하는 나무의 열매를 먹는 날에는 "정녕 죽으리라" 경고하셨습니다. 하나님께서는 그의 경고대로 죽음을 선고하고 계신 것입니다. 인간에게 죽음이란 자연적인 것이 아닙니다. 죄의 결과로 말미암은 형벌입니다. 성경은 죽음이 비단 육체의 죽음만을 의미하는 것이 아니라고 가르칩니다. 영적 죽음이 있습니다. 영적인 죽음이란 하나님과의 관계성이 끊기는 것을 의미합니다. 아담이 금단의 열매를 따먹고 하나님의 얼굴을 피할 때부터 이미 아담에게는 영적인 죽음이 임한 것입니다.

셋째, 낙원에서의 추방(22~24절)

죄 범한 인간은 더 이상 하나님과 교제하는 에덴의 동산에 머무를 수가 없게 되었습니다. 인간은 이제 낙원을 상실하게 되었습니다. 인간의 노력으로 다시는 낙원에 들어갈 수 없도록 에덴 동산의 동편에 그룹들과 두루 도는 화염 검을 두어 생명나무의 길을 지키게 하셨습니다.

3. 하나님의 사랑

첫째, 아담을 찾아오신 하나님이십니다(9절)

하나님의 낯을 피한 아담을 하나님께서 먼저 찾아 주셨습니다(9절). 하나님께서 아직도 아담을 사랑하고 계셨기 때문입니다. 범죄한 죄인이 하나님을 찾아 갈 수 없지만 하나님께서 먼저 죄인을 찾아와 주신 것입니다.

둘째, 예수님을 보내신 하나님이십니다(15절)

15절에서 하나님께서는 여자의 후손인 예수님을 보내셔서 뱀의 머리를 상하게 하시겠다고 하셨습니다. 이것은 예수님께서 십자가에서 죽으심으로 사단의 머리통을 깨신다는 의미입니다. 그러므로 사단의 지배하에 있는 인간을 예수님께서 십자가를 통해 구원하실 것입니다.

셋째, 가죽 옷을 지어 입히신 하나님이십니다 (20, 21절)

아담과 하와는 선악과를 따먹고 그들이 벌거벗었음을 알고 부끄러워 무화과 나뭇잎으로 치마를 만들어 그들의 몸을 가렸습니다. 사람의 죄와 수치는 마땅히 가리워져야 합니다. 그러나 나뭇잎으로 만든 그 치마는 사람의 허물과 수치를 가리기에 미흡했습니다. 그것은 아담의 임시 변통적인 도구에 지나지 않았습니다. 만일에 그것이 미흡한 것이 아니라면 하나님께서는 그대로 두셨을 것입니다. 그러나 하나님께서는 아담 부부를 위해 가죽옷을 지어 입히셨습니다. 친히 짐승을 잡아 피 흘려 죽이시고 그 가죽으로 무화과 나뭇잎을 대신하게 하셨습니다.

하나님 앞에서 죄를 지은 사람이 자기 나름대로 만든 옷을 자기의 치부를 가린다 해서 하나님께서 그것을 용납하실 수는 없습니다. 하나님께서는 친히 아담에게 가죽옷을 지어 입히심으로 죄지은 자들이 어떻게 자신의 죄와 수치를 가릴 수 있는가를 보여주셨습니다. 즉 하나님만이 인간의 죄를 가리실 수 있으며, 죄를 가리는 그 옷은 동물의 생명을 희생함으로 얻어져야 합니다. 이 피 흘림은 예수님의 십자가를 의미합니다.

생각과 나눔

1. 아담이 낙원에서 추방된 후, 치루어야 했던 죄의 댓가가 무엇입니까?

2. 하나님께서 두려움에 빠졌던 사람에게 가죽옷을 입히신 목적이 무엇입니까?

 **소감쓰기**

(Gen 3:19) All your life you will sweat to produce food, until your dying day. Then you will return to the ground from which you came. For you were made from dust, and to the dust you will return."

본문 살피기

아담과 하와가 결혼해서 동침한 결과 두 아들을 낳게 되었습니다. 두 아들의 이름은 가인과 아벨이었습니다. 가인은 농사를 짓는 자였고 아벨은 양을 치는 목축업에 종사했습니다. 이는 성경 역사상 양대 직업이 되었습니다. 즉 최초의 인류가 낳은 두 아들은 농경과 유목이라는 구분되는 직업을 가졌고, 이후 전개될 인간 중심의 세속 문화와 하나님을 중심으로 하는 종교 문화의 출현을 예고하고 있습니다.

아담과 하와가 범죄하고 에덴 동산에서 쫓겨난 후 그들 가정에 두 아들이 태어났습니다. 범죄하여 낙원에서 추방된 인간이 하나님을 만나기 위해 제사를 드리기 시작한 것은 가인과 아벨 때 부터였습니다. 형 가인은 농사를 짓는 사람이었으므로 땅의 소산으로 제물을 삼아 하나님께 제사를 드렸습니다. 그리고 동생 아벨은 양을 치는 목자였으므로 양의 첫 새끼와 기름을 제물로 드렸습니다.

그러나 4절과 5절에 보면 가인과 아벨이 각각 드린 제사에 대한 상반된 결과가 기록되어 있습니다. 즉, 하나님께서 가인의 제사를 받지않으셨고 아벨의 제사를 받으셨습니다. 이에 대해 히브리서 기자는 가인의 제사가 믿음이 없이 드린 제사였기 때문이라고 말합니다. 그리고 히브리서 기자는 아벨은 믿음으로 가인보다 더 나은 제사를 드렸다고 했습니다.

자신이 드린 제사가 하나님께 받아 들여지지 않은 것을 알았던 가인은 하나님의 처사에 강한 불만을 표시했습니다. 이러한 가인에 대해 하나님께서는 '네가 분하여 함은 어찌됨이며 안색이 변함은 어찌됨이냐' 라고 책망하셨습니다. 하나님의 이 책망은 회개해야 함에도 불구하고 오히려 분노하고 반항하는 가인을 지적하고 회개를 촉구하시는 뜻을 나타내고 있습니다.

하나님의 거듭된 책망에도 불구하고 가인은 회개하기는 커녕 도리어 하나님께 열납된 제사를 드렸던 동생 아벨을 시기했습니다. 그리고 동생을 죽이려는 생각까지 품었습니다. 가인은 아벨을 살해하기 위해 그를 광야로 유혹해 냈고 거기서 살해했습니다. 가인이 동생 아벨을 살해함으로써 인류 최초의 살인 사건이 발생했습니다. 이 형제간의 살인은 죄가 인간에게 들어와 얼마만큼 파괴적인 역할을 할 수 있는가를 보여 줍니다.

가인은 아벨을 광야에서 살해했으므로 아무도 본 자가 없을 것으로 알았습니다. 그런데 하나님께서 '네 아우 아벨이 어디 있느냐' 고 물으셨습니다. 하나님의 눈은 가인의 살인 행위를 보셨으며, 하나님의 귀는 아벨의 의로운 피가 호소하는 소리를 들으셨습니다. 하나님께서 아벨을 살해한 가인에게 형벌을 내리셨습니다. 첫째 형벌은 땅에서 저주를 받아 땅이 그에게 아무런 은혜를 주지 못하도록 하셨습니다. 둘째 형벌은 하나님과 사람을 피하여 숨어 살아야 하고 항상 정처 없이 방황하며 유리하는 삶을 살도록 하셨습니다. 즉 가인의 범죄는 그의 삶을 황폐하게 만들었습니다.

 이 과에서 배울 내용

우리는 본문을 통해 하나님께 열납된 아벨의 제사와 관련해서, 우리가 하나님께 예배를 드리는 자세가 어떠해야 하는지를 알게 됩니다. 그리고 가인의 살인을 통해서 인간 세상에 침투한 죄가 얼마나 심각한 결과를 가져오는가를 알게 됩니다. 또한 이러한 인간의 범죄에도 불구하고 공의와 자비로서 인간을 끔찍히 사랑하시는 하나님의 모습을 보게 됩니다

핵심구절 : 창 4:13~14
13 가인이 여호와께 아뢰되 내 죄벌이 지기가 너무 무거우니이다 14 주께서 오늘 이 지면에서 나를 쫓아내시온즉 내가 주의 낯을 뵈옵지 못하리니 내가 땅에서 피하며 유리하는 자가 될지라 무릇 나를 만나는 자마다 나를 죽이겠나이다

본문 강해

창세기 4장은 3장에 기록된 죄와 벌이 어떻게 구체적인 인물과 사건 가운데 나타나는지를 보여줍니다. 특히 죄가 어떻게 인간의 마음 속에 깊이 침투 했으며, 어떻게 가족과 후손에게 영향을 미쳤는지를 기록해 주고 있습니다. 또한 죄에는 반드시 벌이 있다는 진리를 가르쳐 줍니다. 본 장에서는 인류의 문화가 발전해 감에 따라 인간의 죄성이 얼마나 잔인하게 악화되는지를 보여주며, 또한 하나님을 떠나 하나님께 대하여 도전적이고 반항적으로 살아가는 가인의 후예들과 여호와의 이름을 부르며 하나님과 동행하는 셋의 후예들을 비교 대조합니다 (4:16~5:32).

1. 가인의 제사와 아벨의 제사(1~5절)

아담과 하와 사이에서 가인과 아벨이 탄생했습니다. 가인은 농사짓는 사람이었고 아벨은 양치는 자였습니다. 가인은 땅의 소산을, 제물을 삼아 하나님께 드렸고 아벨은 양의 첫 새끼와 기름을 드렸습니다. 그런데 하나님께서는 아벨과 그 제물을 받으셨으나 가인과 그 제물을 받지 않으셨습니다.

그 이유가 무엇입니까? 본문에서는 그 이유를 찾기가 어렵습니다. 그러나 히 11:4에서 이에 대한 해답을 주고 있습니다. "믿음으로 아벨은 가인보다 더 나은 제사를 하나님께 드림으로 의로운 자라 하시는 증거를 얻었으니 하나님이 그 예물에 대하여 증언하심이라.." 제사란 죄인이 하나님께 나아가는 길입니다. 그 길은 하나님께서 제시해 주신 길이기 때문에 인간의 선이나 의로써 나갈 수 없습니다. 그 길은 믿음으로만 나아가는 길이요, 피 흘림으로써만 나아가는 길입니다. 하나님께서 이 사실을 창 3:21에서 아담과 하와에게 짐승을 잡아 피를 흘려 죽이고 그 가죽으로 옷을 지어 입힘으로 계시해 주셨습니다. 또한 히 9:22에서 "피 흘림이 없이는 사하심이 없다"고 말씀합니다.

그러므로 아벨은 하나님께서 계시해 주신 바로 그 길을 택했으므로 하나님의 인정을 받았고, 가인은 그 길을 무시한 채 자기의 노력의 열매로 제사를 드렸으므로 하나님께 받아들여지지 않았습니다.

오늘 날에도 자기 의와 자기 선으로 하나님께 나가는 자들이 있습니다. 이런 사람들을 하나님께서 받지 않으십니다.

2. 아벨을 죽인 가인(5b~8절)

가인은 하나님의 응답을 받지 못하자 시기심으로 분이 복 받쳤습니다. 이 사실만 보아도 그가 믿음이 없는 제사를 드렸다는 증거가 됩니다. 만약에 그가 믿음으로 제사를 드렸다면, 하나님의 하시는 일에 화를 낼 이유가 없습니다. 하나님께서는 이런 가인을 충고 하셨습니다.

"네가 분하여 함은 어찌됨이며 안색이 변함은 어찌됨이냐 네가 선을 행하면 어찌 낯을 들지 못하겠느냐 선을 행하지 아니하면 죄가 문에 엎드려 있느니라 죄가 너를 원하나 너는 죄를 다스릴지니라"

여기서 선이란 도덕적인 선이 아니라 아벨처럼 믿음으로 하나님께 나아감을 의미합니다. 가인이 실패했지만, 하나님께서는 가인에게 다시 얼굴을 들 수 있는 소망을 주셨습니다.

또한 하나님께서는 가인에게 경고를 하셨습니다. "선을 행하지 아니하면 죄가 문에 엎드려 있느니라" 죄란 주님께 나아가 사죄의 길을 찾지 않으면 마치 사나운 짐승이 먹이를 낚아채기 위해서, 혹은 원수를 급습하기 위해서 숨어 기다리는 것처럼 마음 가운데 복병과 같이 잠복해 있다고 사나운 짐승으로 비유해서 말씀하셨습니다. 그러므로 "죄가 너를 원하나 너는 죄를 다스릴지니라"고 말씀 하셨습니다. 그러나 가인은 하나님의 설득을 받아들이지 않았고, 아벨을 들로 데리고 나가서 돌로 쳐 죽였습니다.

가인은 자기의 실패를 운명으로 받아들였고 하나님을 바라보지 못했습니다. 사람이 하나님의 말씀을 거절하는 이유는 자기의 비참한 죄에 절망하고 하나님을 바라보지 못하기 때문입니다. 인간이 죄를 지은 것이 문제가 아니고, 자기 죄를 인정하고 하나님께 나아가느냐 못 나아가느냐 하는 것이 문제입니다. 다윗은 무서운 죄를 범했지만, 눈물로 자기 죄를 슬퍼하며, 회개하고 하나님께 나아갔기 때문에 하나님께 합한 자라는 인정을 받았습니다(삼하 11:2~12:35).

3. 하나님의 문책과 징벌(9~14절)

가인은 아벨을 죽이고 죄를 감추어 버리려고 했지만, 죄는 감추어질 수 없었습니다. 아벨의 핏소리가 하나님께 상달 되었습니다. 피의 호소는 무서운 것입니다. 현대의 사람들은 죄를 짓고도 심리학, 사회학, 생리학 등으로 합리화하며 은폐해 버리고자 합니다. 하지만 절대로 하나님 앞에서 죄를 은폐할 수 없습니다. 눈에 보이지 않지만, 영적인 법칙에 의해 하나님께 즉시 보고 됩니다. 그래서 하나님께서는 죄를 지은 영혼을 찾아와 문책하시고 징벌하십니다. 그러므로 죄를 지은 자들은 저주를 받아서 모든 일이 마음대로 되지 않습니다. 사업도 안 되고 공부도 되지 않습니다. 영혼은 떠돌아 다니며, 무거운 죄 짐을 지고 신음하게 됩니다.

4. 가인의 표(15절)

가인은 자기를 만나는 사람이 자기를 죽일 것 같다고 두려워했습니다. 하나님께서는 이런 가인에게 "이르시되 그렇지 아니하다 가인을 죽이는 자는 벌을 칠 배나 받으리라 하시고 가인에게 표를 주사 그를 만나는 모든 사람에게서 죽임을 면하게" 하셨습니다. 하나님께서는 죄를 미워하시지만 죄인을 끝까지 사랑하십니다.

생각과 나눔

1. 가인의 제사와 아벨의 제사를 대조 할 때, 차이점은 무엇이며 왜 하나님께서는 아벨
   의 제사만을 받으셨을까요?

2. 가인이 인류의 첫 살인자가 된 가장 큰 원인은 무엇이며 그로 인해 가인은 어떤 벌을
   받았나요?

 소감쓰기

(Gen 4:13~14) 13 Cain replied to the LORD, "My punishment* is too great for me to bear! 14 You have banished me from my land and from your presence; you have made me a wandering fugitive. All who see me will try to kill me!"

 **본문 살피기**

죄 된 세상이었지만, 인간들은 나름대로 문화 위임을 받은 자답게 문명을 이루어 나갔습니다. 죄 된 세상 속에서도 거룩한 씨가 이어져 감을 소개하고 있습니다. 하나님께서는 당신이 창조하신 세계가 죄로 썩어 가는 것을 그냥 두지 않으셨습니다. 셋과 에노스를 잇는 경건한 사람들을 통해서 인간을 향한 사랑의 모습을 보이셨습니다.

하나님께서 인간을 처음으로 창조하신 때부터 노아의 대홍수 이전까지의 역사를 족보의 형태를 빌어 전개하고 있습니다. 이와 같은 사실은 1절 초두에서 '아담 자손의 계보' 라는 말을 사용함으로써 분명히 확인되고 있습니다. 이 족보는 하나의 연대기를 제공하려는 데 그 의도가 있지 않습니다. 오히려 10명의 대표자들을 선택하여 그들이 다 죽어간 사실을 알려줌으로 죽음은 피할 수 없는 보편적인 것으로서 사람을 지배한다는 사실을 보여줍니다

이 과에서 배울 내용

　죽음은 인간이 피할 수 없는 필연적인 사실임을 본장이 교훈합니다. 아담의 범죄로 그와 그 후손들은 반드시 죽어 그 육신이 흙으로 돌아갈 것임을 형벌로 선고받은 바 있습니다(참조, 창 3:19). 아담은 하나님의 형상대로 지음 받은 만물의 영장임에도 죽었고, 노아도 하나님의 마음에 합한 의인이었음에도 불구하고 죽었습니다. 홍수 이전의 인류는 1000년에 가까운 장수를 했으나 죽음이라는 죄의 결과를 피하지 못했습니다. 본장의 족보 속에 나타난 인간의 수명과 세대교체는 죄의 무서운 결과와 하나님 심판의 엄정성, 그리고 인간의 유한함을 깨닫게 해 줍니다.

핵심구절 : 창세기 5:1~2
1 이것은 아담의 계보를 적은 책이니라 하나님이 사람을 창조하실 때에 하나님의 모양대로 지으시되 **2** 남자와 여자를 창조하셨고 그들이 창조되던 날에 하나님이 그들에게 복을 주시고 그들의 이름을 사람이라 일컬으셨더라

본문 강해

하나님께서는 죽은 아벨 대신 셋을 주셨습니다. 그래서 인류는 하나님을 믿고 순종하며 사는 셋의 후손과, 하나님의 말씀을 거절하고 자기노력과 자기 힘으로 세상을 건설하고자 하는 가인의 후손으로 나뉘어지게 됩니다. 하나님을 믿고 순종하며 사는 셋의 후손과 하나님을 거절하고 자기 힘으로 세상을 건설하고자 하는 가인의 후손이 어떻게 대조 되는지 살펴봅시다.

1. 가인의 후예(4:16~24)

가인이 여호와의 앞을 떠나서 에덴 동편 놋 땅에 거했습니다(16절). "놋"이란 "유리함"이란 뜻입니다. 하나님을 떠난 가인은 이리 저리 떠돌아 다닐 수밖에 없었습니다. 가인은 이제 하나님없이 죄악의 도성을 쌓고, 자기 아들의 이름을 드러냈습니다. 그래서 가인은 아들을 낳고 이름을 에녹이라고 불렀습니다. 그리고 그는 자기 나름대로 성을 쌓고 그 성 이름을 자기 아들의 이름을 따서 "에녹"이라고 지었습니다.

가인의 후손들을 보면 그의 자손 라멕 때부터 두 아내를 얻는 일부다처의 죄가 시작 됩니다. 그리고 너무나 잔인하고 포악해져 갔습니다. 사람을 죽이기 위해 동철로 날카로운 무기를 만들었습니다. 그 무기로 사람을 많이 죽였습니다. 그래서 그들의 죄는 아벨의 벌보다 7배를 받을 만큼 큰 죄를 지은 것입니다. 무서운 살인, 음란과 잔인과 교만으로 가득한 시를 짓고, 하나님 없는 음악, 하나님 없는 산업이 발달하면서, 점차 하나님을 더욱 대적하게 되었습니다.

처음 죄는 지극히 단순하고, 아무런 해가 없는 것처럼 보였습니다. 그러나 한 사람으로부터 시작된 죄는 가정, 사회 그리고 온 인류(6:1~8)에 까지 독소처럼 퍼져나갔습니다. 이처럼 죄란 무서운 것입니다. 그래서 하나님의 마음을 몹시 슬프시게 했습니다.

2. 셋의 후예(4:25~5:32)

아벨이 죽은 후에 아담이 다시 아내와 동침하매 그가 아들을 낳았는데 그 이름을 셋이라 했습니다. 하나님께서 내게 가인이 죽였던 아벨 대신에 다른 씨를 주셨다 함이라고 했습니다. 셋도 아들을 낳고 그 이름을 에노스라 했으며 그 때에 사람들이 비로소 여호와의 이름을 불렀다고 성경은 기록하고 있습니다.

셋의 후예 중 눈여겨 볼 사람은 에녹과 노아입니다.

창세기 5:24절을 보면 에녹에 대한 이야기가 나옵니다. 에녹은 하나님과 동행하는 삶을 살았습니다. 항상 하나님과 함께 하는 삶을 살았으므로 그는 죄를 짓지 않고 하나님께서 기뻐하신 삶을 살았습니다. 그러므로 하나님께서는 죽음을 통하지 않고 직접 그를 하늘나라로 데려가셨습니다. 나중에 엘리야라는 선지자도 에녹과 같이 죽음을 맛보지 않고 하나님께서 그를 직접 데려 가셨습니다.

창세기 5:29에 보면 노아에 대한 이야기가 나옵니다. 하나님께서는 사람들이 저주 받은 땅을 경작하느라 수고하는 모습을 보셨고, 노아로 사람들을 위로하는 위로 자가 되게 하셨습니다. 고통 가운데 사는 사람들에게 위로 자가 되어 준다는 것이 얼마나 복 된 인생인지 모릅니다. 나중에 노아의 자손 가운데 셈이 태어났고 셈의 자손 가운데 아브라함이 태어났습니다. 아브라함은 이스라엘의 조상 야곱(이스라엘)의 할아버지입니다. 결국 그 후손 가운데 다윗과 예수 그리스도가 탄생해서 인류를 구원하는 하나님의 역사를 이루시게 됩니다. 이처럼 하나님께서는 아무리 어두운 세상에도 연약하나마 구원의 씨를 남겨주십니다. 이것은 하나님의 사랑이 얼마나 큰 것인가를 보여 주는 증거입니다.

생각과 나눔

1. 가인보다 가인의 후손들이 더 악해졌던 원인이 무엇입니까?

2. 에녹이 죽지 않고, 하늘로 올리어 갈 수 있었던 비결이 무엇입니까?

3. 에녹에 대해서 배울 점이 무엇인가 말해 봅시다.

4. 인간은 태어나서 언젠가는 분드시 죽게 됩니다. 그런데 누구나 죽음을 두려워하는
   이유는 무엇일까요?

 **소감쓰기**

(Gen 5:1~2) ¹ This is the history of the descendants of Adam. When God created people, he made them in the likeness of God. ² He created them male and female, and he blessed them and called them "human."

 **본문 살피기**

　　인류 역사 초기에는 인구 증가가 급속히 이루어져 나갔습니다. 왜냐하면 당시의 사람들이 장수했고, 많은 자녀를 가졌기 때문입니다(참조, 창 5:3~32). 이러한 현상은 하나님께서 인간에게 생육하고 번성하라고 하셨던 축복의(참조, 창 1:28) 성취이기도 합니다. 즉 초기의 인간들은 생육하고 번성하라는 하나님의 명령대로 자식을 많이 나았고, 그 결과, 땅 위에 사람이 번성케 되었습니다.

　　사람이 땅 위에 번성하기 시작하자 세상에 많은 죄악도 번성하기 시작했습니다. 인류가 땅 위에 불어나면서 그들에게서 많은 딸들이 나왔습니다. 특히 가인의 후예 가운데 딸들이 생겼습니다(참조, 창 4:19). 사람의 딸들은 아름다웠습니다. 그래서 하나님의 아들들은 그 아름다움에 끌려 자기들이 좋아하는 모든 자들을 아내를 삼았습니다. 한번 타락한 인간들은 인구의 증가와 더불어 급속도로 부패해져 갔으며 죄악이 극에 달했습니다.

　　인간들의 죄악은 자꾸 영역을 넓혀서 선이란 조금도 찾아볼 수 없는 세상이 되었습니다. 무질서와 혼돈의 세상이 되었습니다. 죄악이 판을 치는 세상을 보시고 하나님께서 한탄하셨습니다. 하나님께서 한탄하셨다는 것은 인간들의 죄악이 얼마나 극에 달하였는가를 보여 줍니다.

이 과에서 배울 내용

　　창세기 1~5과에서는 하나님-인간-만물의 창조 질서 가운데 있는 행복한 세상을 공부했습니다. 창세기 6~9과에서는 인간이 이 행복한 세상을 하나님의 명령을 거역함으로 깨뜨렸던 비극과 하나님께서 심히 슬퍼하셨음을 공부했습니다. 이제 하나님께서는 이러한 세상을 홍수로 심판할 것을 예고하시고 노아로 하여금 심판에 대비하도록 하십니다. 본문을 통해서 장차 인류를 심판하실 하나님의 심판에 대해 우리가 어떻게 대비해야 할 것인가를 살펴봅니다.

핵심구절 : 창세기 6:11~12
11 그 때에 온 땅이 하나님 앞에 부패하여 포악함이 땅에 가득한지라 12 하나님이 보신즉 땅이 부패하였으니 이는 땅에서 모든 혈육 있는 자의 행위가 부패함 이었더라

본문 강해

1. 노아시대

3장에서 죄가 시작되었습니다. 4장에서 가인의 살인과 가인의 후예들이 하나님 없이 이룬 부패하고 폭력적인 사회가 나타납니다. 이제 6장에 와서는 하나님의 아들들까지도 하나님을 믿지 않은 가인의 후예(사람의 딸)들과 혼합하여 온 세상이 타락하게 되어 버렸습니다(1, 2절). 하나님께서 결혼을 창설하신 것은 부부가 함께 하나님을 섬기도록 한 것입니다.

그러나 이들은 하나님과 아무런 관계도 없고, 결혼에 대한 목적이나 의미도 없이 서로 좋아하는 사람들끼리 결혼을 했습니다. 그래서 하나님의 형상대로 창조된 인간은 육체가 되어 버렸습니다(3절). 하나님 없는 사회에서 장부와 용사들이 자기 이름을 드러내며 살게 되었습니다. 하나님이 없이도 산업이 발달하며 잘 먹고 잘 살게 되었습니다. 퉁소와 수금을 즐기며 시와 음악을 즐기며 점점 하나님과 멀어져 갔습니다(4:20~24절). 죄악이 온 세상에 넘치고, 내면의 생각이 부패해졌습니다(5절). 사회는 부패하고 폭력이 가득하게 되었습니다. 노아의 시대는 예수님께서 말씀하신대로 먹고 마시고 시집가고 장가가는 시대였습니다(눅 17:27). 즉 영적인 일에 아주 무관심하고, 오직 육신의 일에만 모두가 빠져 있는 시대였습니다.

조금만 영적인 일에 관심을 기울였다면 그들은 회개할 수 있었을 것입니다. 창세기 3:15에서 메시야에 대한 약속이 있었고, 하나님께 나아가는 제사 제도가 있었고(3:21 ; 4:4 ; 8:20), 불순종의 결과가 무엇인가를 말해주는 가인의 표가 있었고(4:15), 에녹의 증거(유 1:14, 15)와 승

천(5:24), 노아의 증거(벧후 2:5)등이 있었습니다. 하나님께서 이런 사건 등을 통해서 끊임없이 자신을 나타내 주셨습니다. 그러나 그들은 육체에 빠져서 하나님께서 보여 주신 계시에 전혀 관심이 없었습니다.

심판의 물결이 목에까지 차오르도록 그들은 세상 향락에 빠져 있었습니다. 참으로 가련하게 자기만족에 빠진 자들이었습니다.

이 시대도 노아 시대와 다를 바 없습니다. 아무리 말씀을 외쳐도 사람들은 말씀을 외면하며, 세상일에 빠져 하나님에 대해 전혀 무감각한 시대입니다.

2. 홍수 심판에 대한 예고

하나님께서는 죄 지은 인간을 구원하시려는 사랑을 여러 가지로 보여 주셨습니다. 특히 에녹을 데려가시기 전에 에녹을 통해서 경고하셨습니다. 에녹이 아들을 낳고 그 이름을 므두셀라라고 지었는데, 그 뜻은 "그가 죽으면 홍수를 보내실 것이라"는 뜻이었습니다. "므두셀라" 하고 이름을 부를 때마다 "그가 죽으면 홍수를 보내실 것이라"는 하나님의 심판 메시지가 전파된 셈입니다. 므두셀라는 인류 역사상 가장 장수한 사람입니다. 969세를 살았습니다(5:27).

이처럼 하나님께서는 약 일천년을 기다리시며 심판의 메시지를 전하셨습니다. 백성들이 회개하며 돌아오기를 기다리셨으나 백성들은 더욱 악해지기만 했습니다. 우리는 흔히 구약의 하나님은 무서운 하나님이 아닌가? 잔인하신 하나님이 아닌가? 라고 오해하기 쉽습니다. 그러나 하나님께서는 홍수로 심판하시기 전에 일천년을 기다리시며 그들이 돌아오기를 기다리셨을 것입니다. 얼마나 자비가 많으신 하나님이십니까?

사람들이 계속 악해졌습니다. 하나님께서는, 더 이상 그들의 악을 보실 수 없었고, 심판을 결심하셨습니다. 6:3을 봅시다. "나의 영이 영원히 사람과 함께 하지 아니하리니 … 그들의 날은 백이십년이 되리라." 이 말씀은 사람의 수명을 일백 이십년으로 제한하셨음을 의미합니다. 또한 일백 이십년이 지나면 홍수 심판을 보내시겠다는 뜻도 됩니다.

자비하신 하나님께서는 아직도 일백 이십년의 유예기간을 주신 겁니다. 또한 하나님께서는 사람의 죄악이 세상에 널리 퍼짐과 그 생각의 모든 계획이 항상 악함을 보셨고 한탄하시며 근심하셨습니다(6절). 하나님께서 얼마나 슬퍼하셨는지 모릅니다.

　　하나님께서는 결코 인간이 죄를 범하면 아무런 마음의 고통도 없이 무조건 벌만 주시기를 원하신 것이 아닙니다. 하나님께서는 더 이상 어쩔 수 없어서 노아의 방주를 예비하신 후, 홍수를 보내셔서 생물의 숨이 있는 것을 다 쓸어버리셨습니다(7:21~23).

하나님께서는 공의로우시므로 죄를 반드시 심판하십니다. 그 심판은 무서운 것입니다. 성경은 죄의 심판에 대하여 무섭게 경고해 줍니다.

"한번 죽는 것은 사람에게 정하신 것이요 그 후에는 심판이 있으리니"(히 9:27).

"이는 우리가 다 드시 그리스도의 심판대 앞에 나타나게 되어 각각 선악 간에 그 몸으로 행한 것을 따라 받으려 함이라"(고후 5:10)

"그러나 두려워하는 자들과 믿지 아니하는 자들과 흉악한 자들과 살인자들과 음행하는 자들과 점술가들과 우상 숭배자들과 거짓말하는 자들은 불과 유황으로 타는 못에 던져지리니 이것이 둘째 사망이라"(계 21:8)

이런 경고에 따라 당장 심판이 임하고 있지 않은 것은 오직 자비의 하나님께서 죄인들이 회개하고 돌아오도록 기다리고 계시기 때문입니다.(롬 2:4 참조)

스펄전은 말하기를 "하나님의 심판을 믿지 않는 자는 하나님께서 그리스도의 속죄의 피로 사죄의 은혜 베푸실 것을 믿지 못한다."고 했습니다. 우리는 엄숙한 하나님의 심판이 있다는 것을 믿어야합니다. 그 심판에서 면제 받기 위해서 예수님을 믿고 구원을 받아야합니다.

생각과 나눔

1. 하나님없이 육신의 요구대로만 살아갈 때 어떤 결과를 낳게 될까요?

2. 본문에서 사람들의 죄가 급속하게 번성케 된 결정적 사건이 무엇입니까?

 **소감쓰기**

(Gen 6:11~12) 11 Now the earth had become corrupt in God's sight, and it was filled with violence. 12 God observed all this corruption in the world, and he saw violence and depravity everywhere.

제 11과 | 노아의 방주를 통해서 구원 하신 하나님

본문 : 창세기 6장 8절 ~ 8장 19절

 본문 살피기

노아에게 심판을 알려 주셨던 하나님께서는 의로운 삶을 살았던 그에게 방주를 짓도록 하셨습니다. 이것은 노아를 구원하시기 위한 조치였습니다. 하나님께서는 사랑하시는 자에게 끝까지 은혜를 베푸시는 분이십니다.

방주를 지으라는 하나님의 말씀에 노아는 전적으로 순종했습니다. 노아는 보지 못하는 일에 경고를 받고 이를 믿었습니다. 아직 나타나지 않은 미래에 대한 약속을 확증도 없이 믿음으로 붙잡았습니다. 그리고 그는 하나님께서 명령하신 대로 다 지켰습니다.

홍수가 있기 바로 전이지만 아직 홍수가 닥칠 눈에 띄는 징조가 없었습니다.

엄청난 비가 쏟아질 것처럼 구름도 일어나지 않았고, 날씨는 계속 화창했습니다. 그러나 노아는 믿음으로 방주를 예비했으며 하나님께서 지시하신 대로 정결한 짐승과 새, 부정한 짐승과 새를 모았습니다. 우리는 본문 말씀을 통해 하나님의 말씀에 철저하게 순종한 노아의 모습을 보게 됩니다.

오랫동안 자신의 손으로 방주를 지었던 노아는 하나님의 지시대로 자신의 가족들과 구별한 동물과 새와 함께 방주로 들어갔습니다. 방주에 들어간 때에는 아직 비가 내리지 않았습니다. 하나님의 지시대로 방주에 들어간 노아와 그 가족들의 행위는 그 당시 사람들에게 매우 어리석은 행동으로 보였습니다. 그러나 노아는 하나님의 말씀을 조금도 의심하지 않았습니다. 노아의 믿음은 위대했습니다.

노아의 가족들이 방주에 들어가고 난 다음, 하나님께서는 거대한 심판에 착수하셨습니다. 그때, 방주의 문을 닫으신 분은 하나님이셨습니다. 하나님께서 방주의 문을 닫으신 것은 그분께서 주권적으로 그 방주를 통괄하시며 또한 생명들마저 자신의 주권으로 보호하시겠다는 의지를 암시합니다.

노아 육백 세 되던 해 둘째 칠일에 시작된 홍수는, 무려 밤낮 40일 동안 계속되었습니다. 하나님께서는 하늘의 비 뿐만 아니라 지상의 모든 물을 동원해서 일시에 지구를 물로 채우셨습니다. 이것은 하나님의 초자연적이며 절대적인 섭리가 적용되었기 때문입니다.

하나님께서는 방주에 있는 노아와 그 가족들을 구원하시는 일에 전념하셨습니다. 하나님께서는 그 택한 백성을 잊어버리는 일이 결코 없으십니다. 항상 기억하시고 사랑하십니다. 하나님께서 방주 안에 있는 노아와 그 식구들과 짐승들을 권념하셨다는 말은 잊었다가 다시 기억하신다는 뜻이 아닙니다. 이 말은 하나님께서 택한 백성을 늘 염두에 두실 정도로 사랑하신다는 의미입니다.

노아의 가족과 모든 육축은 방주 안에 갇혀 불안 속에서 지냈습니다. 홍수가 시작된 지 150일이 되어 그 동안 성난 물결에 정신없이 떠다니던 방주가 아라랏 산에 정착했습니다. 이로써 노아의 가정 구원은 온전히 완성되었습니다. 모든 것이 하나님의 주권 아래 있으므로 오직 하나님의 보호하심과 인도하심으로 방주는 안전하게 정착했습니다.

노아는 지면의 물이 완전히 줄어든 것을 알고도 하나님의 명령을 기다렸습니다. 어떤 것이든지 감히 그는 자신의 생각대로는 하려고 하지 않았습니다. 하나님의 명령을 받고 방주에 들어갔으며 하나님께서 말씀하실 때까지 방주에서 기다렸습니다. 하나님께서는 방주 안에 있던 노아에게 가족과 함께 나오라고 하셨습니다. 하나님의 말씀을 듣고 노아와 그 가족들은 방주에서 나왔습니다. 하나님 앞에 순종하는 삶을 산 노아 가족은 새 세상을 개척하는 복을 누리게 되었습니다.

이 과에서 배울 내용

하나님께서는 땅에서 모든 혈육 있는 자의 행위가 부패한 상황에서도 의인을 악인과 더불어 멸하지 않으셨습니다. 하나님의 물 심판이 세상을 뒤덮고 그로 인해 모든 생물들이 전멸되고 있는 중에도 노아와 함께 방주에 있던 생존자들은 하나님의 사랑과 구원을 바라볼 수 있었습니다. 사도 베드로는 이 홍수와 방주 사건을 세례에 비유한 바 있는데(참조, 벧전 3:21), 이는 이스라엘 백성의 홍해 통과 사건을 바다의 세례로 비유한 바울의 관점과 맥을 같이합니다(참조, 고전 10:1~2). 즉 죄로 물들었던 이전의 세상을 물로써 정화하여 새로운 세상이 되도록 하셨습니다.

> **핵심구절 : 창세기 6:11**
> 여호와께서 노아에게 이르시되 너와 네 온 집은 방주로 들어가라 네가 이 세대에 내 앞에서 의로움을 내가 보았음이니라

 본문 강해

1. 방주를 준비한 노아

노아는 그 시대에 하나님 앞에 의인이요, 완전한 자였습니다(6:9; 7:1). 그는 하나님의 은혜를 입은 자였습니다(6:8). 노아가 하나님 앞에 의롭고 완전했다는 것은 도덕적으로 완전했다는 뜻이 아닙니다. 하나님과 동행했다는 뜻입니다(6:9). 노아는 먹고 마시고 시집가고 장가가는 시대에 살았습니다. 그도 그 시대 사람들과 다름없이 먹고 마시고 사는 일에 동참했고, 결혼해서 세 아들을 낳았고 세 며느리를 얻었습니다. 그러나 그는 그 시대 사람들과 다르게 하나님과 영적인 교제를 가졌습니다. 하나님과 항상 동행하며 믿음으로 사는 구별된 생활을 했습니다.

하나님께서는 이런 노아에게 홍수 심판을 알리셨고 그를 위하여 방주를 지으라고 명령하셨습니다(14절). 그리고 방주 안에 있는 사람과 생물의 생명을 보존하시겠다고 약속을 하셨습니다(6:19, 20). 노아는 하나님의 이러한 말씀대로 순종했습니다(6:22, 7:5, 9).

여기서 우리는 노아의 믿음을 배울 수 있습니다.

첫째, 그는 보지 못하는 일에 하나님이 경고하신 말씀을 믿었습니다. 하나님께서 홍수 심판을 노아에게 알리시고 방주를 준비하라고 명하실 때는 그 심판을 믿을 만한 아무런 징조가 나타나지 않았습니다. 비가 올 것 같은 아무런 징조도 나타나지 않았는데 홍수 심판을 대비해서 방주를 만드는 것은 쉽지 않았습니다. 그러나 노아는 하나님의 말씀을 믿었습니다. 믿음이란 이성적으로 가능한 것을 믿는 것이 아니고 보이지 않는 사실이지만 하나님께서 약속하셨으니까 그 약속을 믿는 것입니다.

"믿음은 들음에서 나며 들음은 그리스도의 말씀으로 말미암았느니라." (롬 10:17).

노아가 그 시대의 사람들과 완전히 분리되어 방주를 만든다는 것은 참으로 외롭고 힘든 일이었을 것입니다. 그러나 고독한 생활가운데 그 생활을 온전히 지배하고 있었던 것은 하나님의 말씀이었습니다. 하나님께서 홍수를 경고하시고 그 홍수로부터 너와 너의 가정을 구원하려면 방주를 만들어야한다고 말씀 하셨을 때 굳게 믿었음으로 그는 외로이 혼자 높은 산에 올라가서 방주를 만들었습니다.

둘째, 노아는 하나님의 말씀을 구체적으로 순종했습니다. 방주를 만들기 위해, 하나님께서 복잡하게 지시하신 말씀을 그대로 순종했습니다(6:14~16, 22 ; 7:5, 9) 노아는 자기 생각을 가미하지 않았고, 하나님께서 명령하신대로 순종했습니다. 믿음이란 자기의 생각을 앞세운 것이 아니라 하나님의 말씀을 그대로 순종하는 것입니다.

셋째, 노아는 하나님의 약속의 말씀을 믿고 기다렸습니다. 노아가 홍수 기간 동안 방주 안에서 일 년 동안이나 머물러 있었다는 것은 그가 하나님을 믿고 인내하는 모습을 보여줍니다. 물론 선택의 여지가 없었겠지만 믿음이 없었다면 그 무서운 홍수를 보기만 해도 두려워 죽었을지 모릅니다.

2. 방주를 통해서 구원하신 하나님

하나님께서는 노아의 믿음을 손잡이로 해서 그를 구원하셨습니다. 히브리서 기록자는 노아의 믿음을 이렇게 설명합니다.

> "믿음으로 노아는 아직 보이지 않는 일에 경고하심을 받아 경외함으로 방주를 준비하여 그 집을 구원 하였으니 이로 말미암아 세상을 정죄하고 믿음을 따르는 의의 상속자가 되었느니라." (히 11:7)

하나님께서는 온 인류가 그처럼 하나님을 대적하고 부패했지만, 결코 인류를 전멸하지 않으시고 한 사람 노아와 그 가족을 구원해 주셨습니다. 이들이 구원받을 만한 자격이 있어서가 아니었습니다. 다만 조그마한 믿음을 꼬투리로 삼아 은혜로 구원 하셨던 것입니다. 하나님께서는 어떻게 해서든지 구원하시려고 인간을 깊이 사랑하셨습니다. 아무리 세상이 절망적일지라도 하나님의 사랑은 찬란한 소망의 빛을 비추어 줍니다.

창세기 3~11장에서처럼 인류가 심한 어둠에 처한 때는 없습니다. 그러나 이런 가운데서도 인류를 멸종시키지 않으시고 방주를 예비하셔서 인류를 구원하셨다는 사실이 너무도 감격스럽습니다. 하나님께서는 이제 당신의 독생자 예수님을 십자가 형벌에 내어 주셨고, 죽은 자 가운데 살리셔서 만민을 구원할 방주를 우리에게 예비해 주셨습니다. 어떠한 죄인일지라도 어떠한 문제가 있을지라도 믿음으로 예수님 안에 있기만 하면 어떤 심판 중에라도 안전하게 보호받고 구원을 받습니다(요 3:16). 이 얼마나 큰 하나님의 사랑입니까?

노아는 방주에서 나온 후 여호와께 단을 쌓았습니다. 노아는 자기 생명을 홍수 가운데서 보호해 준 것이 방주 자체라고 생각하지 않았습니다. 방주를 친히 운전하신 배후의 하나님을 알았습니다. 그 하나님께서 그의 생명을 보호해 주셨던 것입니다. 그래서 그 하나님께 번제를 드렸습니다. 하나님께서는 이 번제의 향기를 받으시고 다시는 사람으로 말미암아 땅을 저주하지 않으시겠다고 심중에 말씀하셨습니다(8:21, 22). 왜냐하면 사람이 마음으로 계획한 바가 항

상 악하여 홍수 심판으로 그 죄 문제를 결코 해결할 수 없게 되었기 때문입니다. 하나님께서는 노아와 그 가족들에게 창조 시와 비슷한 축복을 주십니다. 그리고 노아와 노아의 후손, 그리고 모든 생물과 언약을 맺으셨습니다. 언약의 내용은 "다시는 모든 생물을 홍수로 멸하지 아니할 것이라 땅을 멸할 홍수가 다시 있지 아니하리라"(11절)는 것이었습니다. 이 언약의 증거로서 무지개를 주셨습니다(13절). 무지개가 구름 속에 나타나면 하나님께서 언약을 기억하시겠다고 하셨습니다(15절).

대홍수 심판때 물은 어디에서 왔을까요?

"노아 육백세 되던 해 이월 곧 그 달 십칠일이라 그 날에 큰 깊음의 샘들이 터지며 하늘의 창들이 열려 사십 주야를 비가 땅에 쏟아졌더라"(창세기 7:11, 12)

먼저 "이 세상을 덮을 수 있는 물이 어디서 쏟아졌느냐?" 하는 의문이 누구에게나 생길 겁니다. 대홍수를 이룬 물의 근원은 "큰 깊음의 샘들"과 "하늘의 창들" 위에 있던 물이었습니다.

하나님께서 심판을 명하시자 큰 깊음의 샘들이 터졌고(균열 및 지각 변동), 이로 인해 지각 내부에 압력을 받으며 갇혀 있던 다량의 물이 갑자기 분출되었습니다. 또한 "하늘의 창들"이 열려 40일 낮과 밤 동안 내내 비가 땅에 쏟아졌습니다. 어떻게 40일 내내 비가 땅에 쏟아질 수 있었을까요? 창세기 1장에 나타난 둘째 날 "물 가운데 궁창이 있어 … 궁창 아래의 물과 궁창 위의 물로 나뉘게"하셨다는 말씀이 있는데, 궁창 위의 물 즉 지구를 둘러있던 물이 이 때 땅에 다 쏟아졌던 것입니다.

그 때문에 사람과 땅에 사는 모든 짐승이 다 죽고 오직 노아와 그의 가족, 그리고 하나님의 명령대로 그 씨를 유전키 위해 방주에 이끌려 들어간 동물들만 살았습니다. 이 궁창 위의 물은 대기권 밖에 존재했던 것으로, 오늘날 대기권 안에 있으면서 비를 내리게 하는 구름과는 다릅니다.

노아홍수 전에는 성경에 기록된 대로 지구 전체에 걸쳐 대기권 위에 물로 이루어진 층이 있었는데, 학자들은 이를 "수증기 덮개"라고 합니다. 이러한 물 층은 지금의 대기보다 더욱 효과적으로 태양광선(저주파 열선)을 차단함으로써 지구의 전 지역에 아열대 기후를 형성했습니다. 물 층은 태양으로부터 오는 저주파 중 열선을 흡수하고 산란시키며 재 반사시켜 전 지구에 골고루 분산시키는 역할을 했고 지구에 일정한 온도를 고루 유지케 했습니다. 이렇게 생각하는 이유는 노아 홍수 전에는 비가 오지 않고 창세기 2장 6절대로 "안개만 땅에서 올라와 온 지면을 적셨더라"고 했기 때문입니다. 안개는 바람이 없어야 형성됩니다.

그런데 바람은 기압차에 의해 생기고, 기압차는 온도차이가 있을 때만 생깁니다. 안개만 땅에서 올라오고 비가 없었다는 말씀을 볼 때, 지구에 온도차가 거의 없는 조건이 주어져 있었음을 알 수 있습니다. 물 층은 또한 태양으로부터 오는 고주파 방사선을 차단함으로 노화(老化)를 막았습니다. 고주파 방사선은 인간의 세포를 파괴시키고 급격한 노쇠현상을 일으키기 때문입니다. 물 층이 고주파 방사선을 차단했다는 배경을 알 때 노아홍수 전의 사람들이 900살 이상 살았다는 성경을 비로소 이해할 수 있습니다.

까마귀와 비둘기

사십 주야의 홍수가 지나고 비가 그쳤을 때 노아는 방주의 창을 열고 까마귀를 내보냈습니다. 배와 땅 사이를 오락가락하던 까마귀가 방주로 돌아오지 않자 노아는 계속 물이 더 줄어들기를 기다렸습니다. 까마귀는 원래 더러운 것을 좋아하기에 까마귀가 돌아오지 않은 것은 바깥에 죽은 시체가 물위로 많이 떠올랐다는 뜻이기 때문입니다. 그 다음 노아는 비둘기를 내보냈고, 세 번째 날렸을 때는 돌아오지 않았습니다.

노아는 그제야 방주에서 나가기로 결정했습니다. 깨끗한 곳에서만 사는 비둘기가 돌아오지 않는 것은 모든 생물이 살 수 있을 만큼 환경이 회복됐다는 것을 의미하기 때문이었습니다. 사람에게는 누구나 두 마리 새와 같은 속성이 있습니다. 더러운 것을 좋아하는 까마귀와 같은 마음과 정결한 것을 좋아하는 바둘기 같은 마음이죠.

생각과 나눔

1. 노아는 당시의 많은 사람들과 어떤 점이 구별되었을까요?

2. 홍수 대사건을 통해 노아 가족만을 구원하시는 하나님의 구속사적 의도는 무엇일까요?

 소감쓰기

(Gen 6:11) Now the earth had become corrupt in God's sight, and it was filled with violence.

제 12과 | 노아와 그 후손들

본문 : 창세기 9장 18절 ~ 11장 32절

 본문 살피기

노아는 죄악이 가득한 세대에 살고 있으면서도 그 시대의 완전한 자라고 일컬음을 받았습니다. 그렇지만 죄악의 시대에 태어나서 인내로 훌륭하게 어려움을 극복해 온 노아도 실수하고 말았습니다. 그는 홍수 후 농사를 시작하여 자신이 경작한 포도주를 먹고 술에 취했습니다. 성경은 술에 대해서 조심할 것을 강조하고 있습니다(참조, 롬 13:13 ; 엡 5:18).

포도주에 취한 노아는 그 장막 안에서 벌거벗은 몸으로 자게 되었습니다. 매사에 조심성이 있고 하나님의 은혜로 말미암아 자신의 신앙을 지켜나가던 노아도 고난과 유혹이 지나가 버리자 이내 방심하고 부주의해서 수치를 드러냈습니다.

그의 아들 가운데 하나인 함은 술에 취한 아버지의 벌거벗은 모습을 조롱거리로 삼았습니다. 곧 자기 자신의 타락한 성품을 드러냈던 것입니다. 함은 아버지의 허물을 드러낼 뿐만 아니라 또한 그것을 즐겼습니다. 그러나 함과는 달리 셈과 야벳은 아비의 허물을 가려 주었습니다.

포도주를 마시고 취해서 자신의 수치를 보인 노아는 술이 깨자 제 정신으로 돌아왔습니다. 그리하여 그는 술에 취했을 때 일어난 일들을 알게 되었습니다. 노아는 가나안의 아비 함이 행한 일을 알고 함의 아들 가나안에게 저주를 선언했습니다. 노아는 가나안에게 그 형제의 종들의 종이 되라고 저주했습니다.

노아는 함과는 달리 셈과 야벳을 축복했습니다. 노아는 셈을 인하여 하나님을 찬송하며 여호와를 셈의 하나님이라고 불렀습니다. 여호와께서 그의 하나님이 되신다고 축복했습니다. 그리고 야벳에게는 하나님께서 그를 창대케 하사 셈의 장막에 거하게 하시고 가나안은 그의 종이 될 것이라고 했습니다.

노아는 950세까지 장수하다가 죽음을 맞이하였습니다. 사실 장수한다는 것은 인간의 노력이라기보다는 하나님의 은혜입니다. 그는 죄악된 세상 속에서도 하나님에 대한 신앙을 잃어버리지 않은 경건한 사람으로서, 오고 오는 세대에 신앙의 모범이 될 만한 자였습니다.

온 땅으로 퍼지게 된 노아의 세 아들들은 '온 땅에 충만하라'는 하나님의 축복을 누리게 되었습니다. 인간들이 나뉘어져 땅 곳곳에 분산되는 것이 하나님의 계획이었습니다. 당시 구약의 섬들은 보통 소아시아 지방에서 스페인까지의 유럽 해안에 있는 지중해 연안의 섬들을 가리켰습니다. 따라서 바닷가의 땅이란 다른 말로 이방인의 섬들을 뜻합니다. 야벳의 후손들은 여러 백성으로 나누어져서 바닷가에 머물게 되었습니다.

야벳 족속들은 지중해를 중심으로 여러 종족으로 나뉘고 각자 방언과 종족과 나라대로 바닷가의 땅에 머물렀습니다. 여러 방언으로 나뉜 것은 사람들의 죄로 말미암았음을 우리는 창세기 11장을 통해서 알 수 있습니다. 여러 방언으로 나뉘어 가면서 서로 다른 문화로 정착되어 갔습니다.

함의 아들은 구스, 미스라임, 붓, 가나안 등 네 명입니다. 이들의 거주지는 남 아라비아, 에티오피아, 이집트, 가나안, 붓(참조, 렘 46:9) 등이 되었습니다. 이 지역은 오늘날 아프리카를 중심으로한 흑인종의 조상이 살던 지역이라 할 수 있습니다.

하나님께서는 노아의 자손들 중 함의 자손들을 축복하셔서 온 세상에 널리 퍼지게 하시고 예수 그리스도를 통해 이들의 죄악까지도 구속하셨습니다.

함의 족보 가운데 특이한 인물이 발견되는데 바로 니므롯입니다. 그를 가리켜 성경은 세상의 처음 용사라고 했습니다. 니므롯은 '반역하다'라는 뜻을 지닌 그 이름에서 그의 성격을 이해할 수 있습니다. 즉 그는 조상들이 대대로 믿어왔던 여호와 하나님에 대해서 자신의 독립을 선언한 배교자로서 거친 성격의 소유자인 듯 보입니다.

니므롯을 중심으로 한 함 자손의 문화는 인간적인 측면에서 볼 때 대단했습니다. 그러나 신앙적인 측면의 성경 역사에서 이들의 문화는 거의 가치가 없고 무의미했습니다. 그들의 문화는 나아가 치욕적인 문화로 평가되고 있으며 하나님께 대항하는 문화로 간주되고 있습니다. 더욱이 그들의 문화는 하나님의 백성들과 관계가 끊긴 후 성경에서 거의 언급되지 않고 있습니다.

본문 21절에 보면 셈은 에벨 온 자손의 조상이요 야벳의 형이라고 기록되어 있습니다. 에벨은 셈의 증손자입니다. 창세기의 저자인 모세가 특별히 에벨이라는 이름을 들어서 설명한 것은 하나님께서 언약하신 백성이 에벨을 통해 계승될 것임을 알려 주는 것입니다. 동시에 에벨은 '히브리' 라는 말의 어원으로 추정되는데 이 말은 경건한 사람을 지칭하는 영광스런 칭호로서 셈에게 부여되었습니다.

셈의 아들은 엘람, 앗수르, 아르박삿, 룻, 아람 등 5명입니다. 다섯 아들 가운데 두 아들의 자손들만이 기록되어 있습니다. 그 중에서도 아르박삿의 후손들이 중점적으로 거론됩니다. 아르박삿은 북 앗수르에 있는 '아라라파피티스' 주민들입니다. 룻은 소아시아의 리디아인들로 추정됩니다. 아람은 수리아와 메소보다미아 아람인의 조상입니다.

에벨의 두 아들은 벨렉과 욕단입니다. 장남인 벨렉의 이름은 '나눔' 을 의미합니다. 차남인 욕단은 '작다' 라는 뜻을 가지고 있습니다. 이 두 형제에게서 아브라함 계통의 혈통(벨렉)과 아라비아계의 혈통(욕단)이 서로 분리되었습니다.

시날 평지에 거하던 노아의 후손들은 그들의 이름을 드러내기 위해, 또 흩어짐을 면하기 위해서 바벨탑을 쌓으려는 악한 계획을 세웠습니다. 이들이 자신들의 이름을 내려고 했던 명예욕은 잘못된 출발이었습니다. 왜냐하면 인간은 마땅히 창조주이신 하나님만 의뢰하고, 그분만을 높여야 하기 때문입니다. 그리고 흩어짐을 면하자 했는데 이는 땅에 널리 퍼져 충만하라는 하나님의 명령을 직접 위반한 경우입니다.

이 과에서 배울 내용

본 장은 세상 민족의 형성이 우연이 아니라 구속사를 이끌어 가시는 하나님의 섭리임을 보여 주고 있습니다. 하나님의 구원 계획 또한 이스라엘 민족만이 아니라 모든 민족을 향한 것입니다. 이는 민족이나 혈통, 지리적, 사회적 조건에 관계없이 모든 인간이 하나님의 사랑과 구원의 대상임을 가르쳐 줍니다. 성도들은 모든 사람을 편견 없이 하나님의 사랑으로 대해야 합니다. 왜냐하면 세계의 모든 민족이 하나님 안에서 하나이기 때문입니다.

핵심구절 : 창세기 9:18~19
18 방주에서 나온 노아의 아들들은 셈과 함과 야벳이며 함은 가나안의 아버지라 19 노아의 이 세 아들로부터 사람들이 온 땅에 퍼지니라

본문강해

하나님께서는 부패한 인생들을 홍수 심판으로 지면에서 쓸어버리시고 노아를 통해 새롭게 역사를 시작하려고 하십니다. 그래서 방주에서 나온 노아에게 "번성하여 땅에 충만하라"(9:1)고 말씀하시고, 나아가서 땅의 짐승과 공중의 새와 바다의 모든 고기를 다스리도록 노아의 손에 넘겨주셨습니다. 아담을 지으시고 아담에게 주셨던 똑같은 복을 노아에게 주셨습니다.

Ⅰ. 자식들에게 축복과 저주를 내린 노아(9:18~29)

노아는 농업을 시작해서 포도나무를 심었습니다. 포도주를 마신 노아는 취하여 그 장막 안에서 벌거벗었습니다. 아들 중, 함이 이 모습을 보고 두 형제 셈과 야벳에게 말했습니다. 셈과 야벳은 그 아비의 옷을 자기들의 어깨에 메고 뒷걸음쳐 들어가서 그 아비의 벌거벗은 몸을 덮었고, 그들의 얼굴을 돌이켜 그 아비의 하체를 보지 않았습니다. 술에서 깨어난 노아는 함이 자기에게 한 일을 알고 그의 아들 가나안을 저주했고, 셈과 야벳은 축복했습니다.

여기서 우리는 노아의 행동에 대해서 무엇이 문제인지 생각해봐야 합니다. 노아가 포도주에 취하여 벌거벗은 사실은 그의 아들이 보기에도 점잖지 못한 짓입니다. 성경은 포도주 자체를 나쁘다고 말하지 않습니다. 포도주는 하나님께서 사람에게 주신 선물입니다(시 104:15). 여호와께 드리는 모든 번제나 화목제에는 포도주가 따릅니다(민 15:5~10). 신 14:26은 명절에 포도주를 사서 여호와께 드리고, 여호와 앞에서 가족들이 함께 마시고 즐거워하라고 권유합니다. 포도나무는 이스라엘을 상징합니다(사 5:1~7 ; 막 12:1~1). 그러나 성경은 성전에서 주를 섬기는 자나(레 10:9), 서원을 하는 자나(민 6:2~4), 백성의 지도자(잠 31:4~5) 들이 술 마시는 것을 금하고 있습니다. 또한 성경은 구차한 이유를 열거하지 않으며 "술 취하지 말라"고 명령합니다(엡 5:18 ; 잠 21:17 ; 23:20 ; 23:31 ; 사 5:22). 또 그 이웃을 술 취하게 하는 자를 저주합니다(합 2:15).

노아는 홍수 이전에 "당대에 의인이요 완전한 자"였습니다(6:9). 그러나 홍수 이후 그는 술 취하여 벌거벗고 정신없이 자고 있었습니다. 홍수 전 사람들이 먹고 마시고 장가가고 시집가던 그 모습을 노아가 재현했던 것입니다. 노아는 타락했습니다.

술에서 깨어 함의 행동을 알게 된 노아는 그의 아들 가나안을 저주했습니다. "가나안은 저주를 받아 그 형제의 종들의 종이 되기를 원하노라"(9:25). 이것은 매우 가혹한 저주입니다. 여호와의 은혜를 입어 홍수 심판에서 구원을 받고 아담의 복을 이어받은 노아가 자식에게 저주를 내렸던 것입니다. 인간 역사에 최초로 사람이 사람을 저주했습니다. 여기서 함의 잘못은 무엇입니까? 성경은 일관성 있게 자식은 부모를 공경하라고 가르칩니다. 십계명 가운데 사람들 사이에 지켜야 할 하나님의 첫 번째 계명은 자기의 부모를 공경하라는 것입니다(신 27:15~26). 성경은 부모를 치거나 저주하는 자는 죽이라고 명합니다(출 21:15, 17 ; 신 21:18~21). 또한 잠언 곳곳에서는 부모를 공경할 것을 권면합니다. 함은 (자기 아버지의 술 취함과 벌거벗음을 보고 마땅히 셈이나 야벳처럼 비록 취해서 정신을 잃은 아버지이지만)격에 맞는 존경심으로 적절한 조치를 취해야 했습니다. 그러나 함은 아버지의 부덕을 그의 형들에게 공개했습니다. 그 결과 함은 그에 맞는 대가를 치르게 되었습니다.

그러나 문제는 노아가 함을 저주한 것이 아니고, 함의 아들 가나안을 저주한 점입니다. 성경에 기록되지는 않았지만 노아의 축복과 저주는 분명히 신적 권위가 있고 아들들의 장래에 영향을 미친 것은 사실입니다. 그렇다면 노아는 왜 가나안을 저주했을까요? 여기에 대해서 성경은 대답 하지 않습니다. 노아는 하나님께 말로 할 수 없는 은혜와 복을 받았지만 자식들 간에 압제와 적대감을 물려주고 950세에 죽었습니다.

2. 번성하게 된 노아의 후손들 (10:1~32)

창세기 10장은 노아의 후손들이 홍수 이후 어떻게 번성하여 땅의 열국 백성으로 나뉘게 되었는지를 보여줍니다. 얼핏 보기에 창세기 10장은 별로 중요하지 않은 것처럼 보이지만 자세히 검토해 보면 여기에는 지나칠 수 없는 매우 중요한 사실들이 담겨져 있습니다. 무엇보다 창세기 10장의 기록은 9:1의 노아와 그 아들들에게 "생육하고 번성하며 땅에 충만 하라"고 말씀하신 하나님의 명령이 구체적으로 어떻게 이루어졌는가를 보여주는 데 의미가 있습니다.

이것은 또한 다음에 나오는 바벨탑 사건의 결과로서 하나님의 진노로 말미암아 사람이 어떻게 각각의 방언과 인종에 따라 땅위에 퍼지게 되었는가를 보여줍니다. 방향없이 흩어지는 인간들 가운데 하나님의 구속 역사는 셈족에게 그 초점을 맞추고, 결국 우리는 아브라함의 나타남을 보게 됩니다.

왜 홍수 이후에 인간의 수명이 줄어들었을까?

노아 이전에 태어난 사람들은 평균 900살을 살고 죽은데 비하여, 노아 이후에 태어난 사람들의 수명은 급격히 줄어들었습니다. 그 이유는 무엇일까요? 과학자들은 대기권과 성층권 외에 '물 층'이 있었다고 주장합니다. 이 물 층이 자외선 등 생명을 단축하게 하는 우주의 해로운 광선으로부터 지구를 보호해 주었는데, 그 후 물 층이 쏟아져 내려서 큰 홍수가 일어났다고 분석 합니다. 성경에는 이 '물 층'의 존재와 노아 때 일어났던 '큰 홍수'가 분명히 기록되어 있습니다.(창 1:7 ; 6:17)

생각과 나눔

1. 대홍수 속에서도 건짐을 받았지만 경건생활을 지속하지 못했던 노아는 어떤 실수를 저질렀습니까?

2. 개인의 판단과 행동은 자신에게만 국한되는 것이 아니고 후대(민족)에게 까지 그 영향력이 끼쳐집니다. 이런 의미에서 우리는 어떤 경각심을 가지고 신앙생활을 해야 할까요?

 소감쓰기

(Gen 9:18~19) 18 Shem, Ham, and Japheth, the three sons of Noah, survived the Flood with their father. (Ham is the ancestor of the Canaanites.) 19 From these three sons of Noah came all the people now scattered across the earth.

제 13과 | 바벨탑을 쌓는 사람들
본문 : 창세기 11장 1~9절

 본문 살피기

시날 평지에 거하던 노아의 후손들은 그들의 이름을 드러내고 흩어짐을 면하기 위해서 바벨탑을 쌓으려고 했습니다. 이들이 자신들의 이름을 내려고 한 것은 헛된 명예욕에서 출발한 것입니다. 왜냐하면 인간은 마땅히 창조주이신 하나님만 의뢰하고, 그분만을 높여야 하기 때문입니다. 그리고 흩어짐을 면하자고 했는데 이는 땅에 널리 퍼져 충만하라는 하나님의 명령을 직접적으로 위반한 범죄였습니다.

인간들이 성과 대를 쌓을 수 있었던 것은 그들의 언어가 하나였기 때문입니다. 인간의 언어는 본래 하나로서 하나님의 형상으로 지음을 받은 인간에게만 주어진 특별한 선물이었습니다. 하나님의 선물인 언어가 하나였으므로, 사람들을 하나의 공동체로 모으는데 중요한 역할을 했습니다. 그런데 사람들은 하나님의 축복의 선물로 주어진 언어를 자신들의 교만과 명예를 위한 수단으로 사용했습니다. 결과, 하나님께서 주셨던 축복을 악용했으며 하나님의 뜻을 어겼습니다.

하나님 없이 이루어지는 경영은 인간의 욕심과 죄의 본성에서 출발하기 때문에 경영의 과정에 반드시 하나님의 심판이 뒤따릅니다. 인간의 악한 계획에 따라 지어지는 바벨탑을 하나님께서는 이미 아셨고 그들의 언어를 혼잡게 함으로써 실패하게 하셨습니다.

이 과에서 배울 내용

　　타락으로 인해 본성이 죄악으로 물든 인간은 하나님께 불순종하려는 의지를 지니게 되었습니다. 그러나 하나님께 대한 불순종은 인간에게 행복이 아니라 불행과 파국을 초래했습니다. 본장에서는 바벨탑 건축 사건을 통해 오늘날 인간이 겪는 불행과 파국이 하나님께 대한 불순종 때문임을 교훈해 주고 있습니다. 바벨탑 건축은 하나님의 권위와 통치에 대한 인간의 도전이었으며, 인간 스스로의 힘으로 이상적인 사회를 건설하려는 인본주의의 시작이었습니다. 그러나 인간의 이런 노력은 하나님께서 언어를 혼잡하게 하심으로 실패하게 되었습니다. 이것은 인간이 아무리 노력해도 하나님의 섭리를 결코 뛰어넘을 수 없으며 인간 스스로 아무것도 할 수 없음을 보여 주고 있습니다.

핵심구절 : 창세기 11:9
그러므로 그 이름을 바벨이라하니 이는 여호와께서 거기서 온 땅의 언어를 혼잡하게 하셨음이니라 여호와께서 거기서 그들을 온 지면에 흩으셨더라

본문 강해

우리는 이 이야기를 바벨탑 사건이라고 알고 있습니다. 그래서 마치 이것을 에펠 탑처럼 생각하기 쉬운데 이것은 요새(fortress)입니다. "성과 대를 쌓아 대 꼭대기를 하늘에 닿게 하여"라고 했습니다. 여기서 대는 망대입니다. 그러므로 바벨탑의 이야기가 아니고 바벨요새입니다.

1. 요새 맨탈리티(Fortress Mentality)

노아의 후손들이 왜 요새를 쌓았습니까? 성경에는 명확한 답이 제시되지 않습니다. 그러나 10장 끝 절에 보면 그 의미를 짐작 할 수 있습니다.

> "이들은 그 백성들의 족보에 따르면 노아자손의 족속들이요 홍수 후에 이들에게서 그 땅의 백성들이 나뉘었더라"(10:32)

우리말에서는 드러나지 않지만 원문에서 10장의 맨 끝을 보면, 홍수라는 단어가 나옵니다. "홍수 후에"라고 기록 되어 있습니다. 이 홍수라는 단어가 암시 하듯이 노아의 후손들은 그들의 기억 속에 홍수라는 단어를 없앨 수가 없었던 것 같습니다. 하나님께서는 다시 홍수 심판을 하지 않겠다고 약속하셨으나 그들은 믿지 못했습니다. 또 다시 홍수 심판이 있을지도 모른다는 불안감이 항상 있었던 것 같습니다. 그들이 이 불안을 없애려면 위해서는 하나님의 약속을 믿어야 했습니다. 그리고 하나님의 명령대로 땅에 흩어져 충만한 삶을 살아야 했습니다.

그러나 그들은 하나님의 약속을 믿지도 못했고 하나님의 명령에 정면으로 대적해서 흩어짐을 면하려고 했습니다. 그리고 하나님께서 다시 홍수를 내리더라도 그 홍수가 미치지 못할 높은 성을 쌓고자 했던 것 입니다. 인간이 하나님을 대적하면 진정한 미래가 없습니다. 우리에게 필요한 모든 것은 하나님의 선물로 주어집니다. 결코 인간 스스로 쟁취할 수 있는 것은 아무 것도 없습니다. 하나님께서는 인간을 창조하신 후에 가장 좋은 것을 자상한 아버지처럼 공급하시겠다고 약속하셨습니다. 그러나 인간은 이것을 버리고 스스로 안전을 확보하고 스스로 미래를 보장 받고 스스로 축복을 쟁취하려고 했습니다. 그래서 요새를 쌓았습니다. 그 목적은 인간의 능력과 자원을 동원해서 하나님 없이도 스스로 미래를 보장하고 축복을 누리고자 했기 때문입니다. 이것을 학자들은 '요새 맨탈리티'(Fortress Mentality)라고 합니다.

> "또 말하되 자, 성읍과 탑을 건설하여 그 탑 꼭대기를 하늘에 닿게 하여 우리 이름을 내고 온 지면에 흩어짐을 면하자 하였더니"(11:4)

바벨 공동체의 특징은 지금도 계속됩니다. 사람들은 하나님 없이 자기의 자원과 능력을 동원해서 미래를 보장 받고 축복을 누리려고 합니다. 그리고 그 안에서 안주하려고 합니다. 하나님께서는 이것에 대해서 노를 선언하십니다. 하나님께서는 이것으로 인간을 축복하실 수 없다고 하셨습니다. 바벨이란 히브리어의 뜻은 '혼잡' 입니다. 여기에는 미래가 없습니다. 인간이 타락했지만 하나님께서는 항상 인간에게 희망을 주십니다. 선악과를 따 먹은 후 여러 가지 저주를 받았지만 창세기 3:15에서 사단의 머리통을 부수게 될 것이라고 말씀해 주셨습니다. 가인의 표를 주어 그 생명을 보호해 주셨습니다. 노아의 홍수 후에도 언약의 무지개를 약속하셨습니다.

2. 순례자 멘탈리티(Pilgrim's Mentality)

바벨은 혼잡 가운데 있는 멸망의 공동체 일뿐 미래가 없었습니다. 바벨 공동체에 있었던 아브람은 아들이 없었습니다. 대를 이을 아이가 없다는 것은 미래가 없다는 뜻입니다. 그러므로 이 공동체로부터 나오는 길만이 미래가 보장됩니다. 그래서 하나님께서는 아브람에게 바벨 공동체를 떠나라고 말씀하셨습니다. 아브람을 바벨공동체로부터 끌어내셨듯, 하나님께서는 오늘날도 우리를 바벨공동체로부터 끌어내시기를 원하십니다.

> "여호와께서 아브람에게 이르시되 너는 너의 고향과 친척과 아버지의 집을 떠나 내가 네게 보여줄 땅으로 가라"(12:1)

순례의 길을 가라. 그러면 번영, 이름을 크게하고 명성, 축복 안전을 주겠다고 하셨습니다. 이것은 하나님께서 창조하신 후 인간에게 주려고 하셨던 축복입니다. 바벨공동체가 얻고자 했던 것도 바로 이것입니다. 그러나 하나님께서는 순례의 길을 갈 때 축복을 받을 수 있다고 말씀하셨습니다. 그래서 이런 삶을 살고자하는 사람을 보고 순례자 멘탈리티(Pilgrim's Mentality)를 가진자라고 합니다.

인간은 성을 쌓고 살아야 이것을 얻는다고 하는데 하나님께서는 순례의 길을 가야한다고 말씀하셨습니다. 여기에 그리스도인의 삶의 정체성, 구별성이 나타납니다. 그리스도인들조차도 성과 탑를 쌓고 사는 길이 축복이라고 생각하고 성을 쌓느라고 애쓴다면, 그리스도인이기를 포기하는 것과 같습니다.

인간이 성과 대를 쌓고자 한다고 해서 흩어짐을 면하는 것은 아닙니다. 가인은 성을 쌓고 안전한 삶을 추구했으나 땅에서 피하여 떠도는 자가 되었습니다. 땅도 그를 받아들이지 않았습니다. 가인은 정착하는 존재가 아니라 땅에서 피하여 유리하는 방랑자의 운명에 처하게 되었습니다.

"가인이 여호와의 앞을 떠나 나가 에덴 동쪽 놋 땅에 거주하였더니 아내와 동침하매 그가 임신하여 에녹을 낳은지라 가인이 성을 쌓고 그 아들의 이름으로 성을 이름하여 에녹이라 하니라"(4:16~17)

"놋 땅"이라는 표현은 유리함(떠도는)이라는 뜻입니다. 성을 쌓고 살아도 역시 그곳은 유리하는 곳입니다. 땅에서 피하고, 떠도는데서 벗어나고자 성을 쌓아도, 벗어날 수 없습니다.

　　순례의 길을 떠나야만 합니다. 나그네로 살고자 하고, 하나님께서 원하시면 어디든지 가고자할 때 바로 그곳이 우리가 안전하게 살 수 있는 곳입니다. 아브람이 본토 친척을 떠났던 이유가 뭘까요? 바로 자기의 자원과 능력으로 안전과 축복을 찾으려는 잘못된 노력에서 해방 받기 위해서 였습니다. 하나님의 백성들은 바벨 공동체를 떠나서 순례의 길을 가도록 부름 받은 존재들입니다.

생각과 나눔

1. 하나님 없이 무엇을 이루려는 인류의 헛된 생각은 결국 바벨탑을 쌓기에까지 이르렀습니다. 그런데 그 결과는 어떠했습니까?

2. 나의 삶에서 하나님을 전적으로 신뢰하지 않은 채, 내 삶을 드러내기 위해 조금씩 쌓고 있는 바벨탑은 어떤 것들이 있습니까?

 **소감쓰기**

(Gen 11:9) That is why the city was called Babel, because it was there that the LORD confused the people by giving them many languages, thus scattering them across the earth

이 책에 사용된 일러스트는 저자와의 협약에 의해 게재 되었습니다.